Ley Federal de Protección al Consumidor

Reglamento de la Procuraduría Federal del Consumidor

Jurisprudencia aplicable

***ACCESO GRATIS** a la Lectura en la Nube + Actualizaciones*

Para visualizar el libro electrónico en la nube de lectura envíe junto a su nombre y apellidos una fotografía del código de barras situado en la contraportada del libro y otra del ticket de compra a la dirección:

ebooktirant@tirant.com

En un máximo de 72 horas laborables le enviaremos el código de acceso con sus instrucciones.

Ley Federal de Protección al Consumidor

Reglamento de la Procuraduría Federal del Consumidor

Jurisprudencia aplicable

3ª Edición

Edición y actualización de

MIGUEL CARBONELL

tirant lo blanch

Ciudad de México, 2024

© EDITA: TIRANT LO BLANCH
DISTRIBUYE: TIRANT LO BLANCH MÉXICO
Av. Tamaulipas 150, Oficina 502
Hipódromo, Cuauhtémoc, 06100, Ciudad de México
Telf: +52 1 55 65502317
infomex@tirant.com
www.tirant.com/mex/
www.tirant.es
ISBN: 978-84-1197-610-7

Si tiene alguna queja o sugerencia, envíenos un mail a: *atencioncliente@tirant.com*. En caso de no ser atendida su sugerencia, por favor, lea en *www.tirant.net/index.php/empresa/politicas-de-empresa* nuestro Procedimiento de quejas.

Responsabilidad Social Corporativa: http://www.tirant.net/Docs/RSCTirant.pdf

ÍNDICE

PRÓLOGO

Miguel Carbonell

Por cuestiones que tienen que ver con el desarrollo tecnológico y por la forma tendencialmente monopolista que han ido tomando los sistemas capitalistas, en la actualidad un grupo social en situación de vulnerabilidad lo constituyen los consumidores, lo cual ha llevado a regulaciones minuciosas de sus derechos en muchos países, a veces incluso a través de previsiones constitucionales.

Los consumidores se encuentran cotidianamente con la necesidad de realizar actos jurídicos frente a grandes corporaciones. Muchas veces, dichas corporaciones gozan de un régimen de monopolio en la prestación de un servicio público e imponen casi por la fuerza (la fuerza de la necesidad, se podría decir) sus condiciones a los consumidores.

Dejar el tema de las relaciones entre grandes empresas y consumidores dentro del ámbito del derecho privado, regidas bajo la idea de la autonomía de la voluntad, no puede ser más que una ficción, pues las condiciones de desigualdad entre unas y otros no permite que se manifieste una voluntad plenamente libre de las partes, sobre todo de la parte más débil. De hecho, la mayoría de contratos que suscribimos para la prestación de un servicio o la adquisición de un bien son contratos adhesivos, en donde las cláusulas suelen estar redactadas y previstas de antemano por la parte ofertante.

Al respecto, en la sentencia que resuelve el Amparo en Revisión 434/2018, la Primera Sala de la Suprema Corte de Justicia de la Nación, señaló que "La desigualdad entre las partes de la cadena de consumo surge porque la parte que fabrica productos y presta servicios está bien organizada, con planes de venta estructurados y habilidades desarrolladas. En cambio, la parte que consume generalmente realiza esta actividad en la individualidad, asesorada únicamente por lo que la experiencia le dicta (si la tiene), y de no contar con ésta, mediante impulsos instintivos que no necesariamente son racionales" (Ponente: Norma Lucía Piña Hernández; secretaria: Natalia Reyes Heroles)[1].

---

1 El Amparo en Revisión 434/2018 resuelto por la Primera Sala de la Suprema Corte de Justicia de la Nación se refiere a los derechos de los consumidores de servicios

Es por eso que, como lo ha señalado Mauro Cappelletti, hay que reintegrar el equilibrio entre las partes (tanto desde un punto de vista del derecho sustantivo, como por lo que hace al derecho procesal), de forma que se proteja efectivamente la libertad de mercado[2].

De hecho, el propio Cappelletti señala que la protección de los consumidores tiene el mismo objetivo que la preservación de las condiciones de competencia a través de la prohibición de monopolios. Es decir, la idea de regular a las grandes empresas en sus relaciones con los consumidores no persigue sofocar la libertad de industria o trabajo, sino justamente al contrario: su objetivo es asegurar que esa libertad va a seguir siendo efectiva para todos los que intervienen en el proceso productivo y de prestación de servicios[3].

En México la Constitución hace solamente una breve mención sobre la especial protección que debe dispensarse a los consumidores, pero no llega a recoger derechos fundamentales en esta materia. El artículo 28, párrafo tercero, dispone que "La ley protegerá a los consumidores y propiciará su organización para el mejor cuidado de sus intereses".

La protección efectiva del consumidor desde un punto de vista jurídico pasa al menos por los siguientes aspectos:

A) Un fomento del asociacionismo de los particulares (lo cual, en algunos países, se realiza a través del subsidio con fondos públicos de las asociaciones más representativas). Es importante señalar que en esta materia, las asociaciones tienden a reforzar la protección de los derechos de los consumidores, ya que permiten enfrentar coaligadamente a los intereses corporativos, los cuales superan en recursos económicos y personales a los consumidores aislados. El elemento colectivo sirve, pues, como una red de solidaridad para generar relaciones más simétricas entre los sujetos del derecho del consumo.

---

aéreos. Sobre el mismo tema, puede verse también la sentencia dictada para resolver el Amparo en Revisión 388/2018 de la Segunda Sala de la propia Suprema Corte (ponente Javier Laynez; secretaria: Jazmín Bonilla). En el apéndice de jurisprudencia que se encuentra en la parte final de esta obra se incluyen algunos criterios jurisprudenciales emanados de esas sentencias.

2 Cappelletti, Mauro, "El acceso a la justicia de los consumidores" en su libro *Dimensiones de la justicia en el mundo contemporáneo (cuatro estudios de derecho comparado)*, México, Porrúa, 1993, p. 117.

3 *Idem*, p. 118.

B) El acceso a la información de los consumidores sobre los productos que están consumiendo, lo que supone la regulación de la publicidad para evitar engaños, fraudes y maquinaciones indebidas por parte de los proveedores;

C) La reparación del daño siempre que algún producto sea de mala calidad o no cumpla con las condiciones establecidas en la oferta de venta; es importante apuntar que el daño se puede producir no solamente porque el producto tenga una calidad defectuosa, sino también porque no se corresponda con la publicidad realizada por el ofertante o por tener características diferentes a las que aparecían en la oferta de venta;

D) La creación de mecanismos jurisdiccionales especializados en los conflictos derivados de las relaciones jurídicas entre consumidores y usuarios por un lado, y proveedores o prestadores de servicios por otro.

En relación a la protección procesal de los consumidores hay que realizar algunas reflexiones adicionales, pues se trata de un campo que demanda importantes modificaciones respecto a ciertas visiones muy clásicas del derecho procesal.

Para poder construir una adecuada protección de los consumidores hay que considerar que muchos productores suelen estar habitualmente bien organizados para defenderse, cuentan con buena información y asesoría jurídicas y son "*repeat players*", en el sentido de que una experiencia litigiosa no será para ellos una experiencia aislada sino una actividad que se repite en su esquema normal de funcionamiento. Por otro lado los consumidores se encuentran aislados y no suelen ser más que litigantes ocasionales, que se encuentran en grave desventaja frente a la corporación oferente de bienes o servicios[4].

En este contexto, hay varias posibilidades de protección que han sido exploradas en el derecho comparado[5]. Una primera consiste en asignar a la figura del Ministerio Público o Fiscalía la tutela de los derechos difusos de los consumidores, dándole legitimidad para promover acciones ante los tribunales.

Una segunda posibilidad consiste en crear nuevos órganos públicos especializados, siguiendo el modelo de los *ombudsperson*, que se ocupen de los derechos de los consumidores; se trata de agencias administrativas, como lo puede ser en México la Procuraduría Federal de Protección al Consumidor (PROFECO).

---

4 Cappelletti, Mauro, "El acceso a la justicia de los consumidores", *cit.*, p. 123.

5 Cappelletti, Mauro, "El acceso a la justicia de los consumidores", *cit.*, pp. 124 y ss.

Un tercer modelo consiste en otorgar legitimidad procesal a agrupaciones de carácter privado, que actúan en defensa de los derechos de los consumidores, promoviendo tanto acciones de carácter individual como acciones colectivas o de grupo; en este caso se produce una excepción al clásico principio procesal de que quien litiga lo hace en defensa de un interés propio, puesto que en este modelo se trata de defender intereses generales o de grupo. Este modelo, como lo señala Cappelletti, tiene la ventaja de superar los inconvenientes del consumidor como litigante aislado y permite hacer económicamente posible el proceso, en cuanto hay una cierta socialización del costo procesal al permitirse defensas de grupo o colectivas.

Un cuarto modelo es el de las acciones de clase o acciones de legitimidad abierta, mediante las que cualquier persona puede promover una demanda en los tribunales, actuando en defensa del interés público; se trata de un esquema procesal que ha tenido un gran desarrollo en los Estados Unidos. Hay varias cuestiones que destacar de este modelo. En primer lugar que la legitimación se otorga a cada individuo para promover a nombre de todos los afectados, concurran o no al juicio; en segundo término que la condena al pago de daños cubre, en consecuencia con lo anterior, no solamente a quienes litigaron contra el proveedor sino también a toda persona que haya sufrido un daño; en tercer lugar hay que subrayar que, para que las acciones de clase funcionen, se debe contar con una forma determinada de ejercer la abogacía, de manera que los abogados cuenten con los incentivos suficientes para concluir satisfactoriamente los casos (por ejemplo a través de la participación porcentual del abogado vencedor en las indemnizaciones que arroje la causa).

En materias distintas a la del derecho de los consumidores las acciones de clase se han considerado muy positivas, por ejemplo para proteger bienes de carácter ecológico, para impugnar permisos de construcción otorgados ilegalmente por la administración pública o para tutelar bienes del patrimonio nacional[6].

Aunque las cuatro opciones mencionadas tienen ventajas y desventajas, lo que quizá pueda funcionar de una manera más eficaz es una solución de carácter pluralista, que genere una combinación de factores favorables para tutelar los intereses de los consumidores; así por ejemplo, se puede dar legitimidad al Ministerio Público para promover acciones en determinados supuestos; en

---

6 Los ejemplos concretos en Cappelletti, Mauro, "El acceso a la justicia de los consumidores", *cit.*, pp. 130-131.

otros la legitimación puede estar a cargo de un organismo especializado (un *ombudsman* de los consumidores) o puede establecerse en favor de asociaciones privadas de consumidores; de manera complementaria, se puede también reconocer la posibilidad de interponer *acciones de clase* para defender ciertos intereses[7].

Como quiera que sea, lo cierto es que la protección de los consumidores requiere que se conozcan sus derechos y se difunda el régimen jurídico que los ampara. Ese es el objetivo que busca esta modesta publicación, en la cual se incluyen dos ordenamientos de la mayor relevancia en la materia, así como un apéndice jurisprudencial en el que se contienen algunas tesis emitidas por el Poder Judicial de la Federación en la materia, que estimo pudieran servir para complementar la lectura y comprensión de los ordenamientos que se contienen en las siguientes páginas. Ojalá así sea.

---

7 Cappelletti, Mauro, "El acceso a la justicia de los consumidores", *cit.*, p. 132.

LEY FEDERAL DE PROTECCIÓN AL CONSUMIDOR

ÚLTIMA REFORMA PUBLICADA EN EL DIARIO OFICIAL DE LA FEDERACIÓN: 12 DE ABRIL DE 2019.

ÚLTIMA ACTUALIZACIÓN POR ACUERDO EXPEDIDO POR LA PROCURADURÍA FEDERAL DEL CONSUMIDOR PUBLICADA EN EL DIARIO OFICIAL DE LA FEDERACIÓN: 21 DE DICIEMBRE DE 2022.

Ley publicada en el Diario Oficial de la Federación, el jueves 24 de diciembre de 1992.

Al margen un sello con el Escudo Nacional, que dice: Estados Unidos Mexicanos.- Presidencia de la República"

CARLOS SALINAS DE GORTARI, Presidente Constitucional de los Estados Unidos Mexicanos, a sus habitantes sabed:

Que el H. Congreso de la Unión, se ha servido dirigirme el siguiente

D E C R E T O

"EL CONGRESO DE LOS ESTADOS UNIDOS MEXICANOS, D E C R E T A:

LEY FEDERAL DE PROTECCIÓN AL CONSUMIDOR

CAPÍTULO I
DISPOSICIONES GENERALES

(REFORMADO PRIMER PÁRRAFO, D.O.F. 4 DE FEBRERO DE 2004)

Artículo 1o.- La presente ley es de orden público e interés social y de observancia en toda la República. Sus disposiciones son irrenunciables y contra su observancia no podrán alegarse costumbres, usos, prácticas, convenios o estipulaciones en contrario.

(REFORMADO, D.O.F. 4 DE FEBRERO DE 2004)

El objeto de esta ley es promover y proteger los derechos y cultura del consumidor y procurar la equidad, certeza y seguridad jurídica en las relaciones entre proveedores y consumidores.

(REFORMADO PRIMER PÁRRAFO, D.O.F. 5 DE NOVIEMBRE DE 2013)

Son principios básicos en las relaciones de consumo:

(REFORMADA, D.O.F. 4 DE FEBRERO DE 2004)

I. La protección de la vida, salud y seguridad del consumidor contra los riesgos provocados por productos, prácticas en el abastecimiento de productos y servicios considerados peligrosos o nocivos;

II. La educación y divulgación sobre el consumo adecuado de los productos y servicios, que garanticen la libertad para escoger y la equidad en las contrataciones;

III. La información adecuada y clara sobre los diferentes productos y servicios, con especificación correcta de cantidad, características, composición, calidad y precio, así como sobre los riesgos que representen;

IV. La efectiva prevención y reparación de daños patrimoniales y morales, individuales o colectivos;

(REFORMADA, D.O.F. 4 DE FEBRERO DE 2004)

V. El acceso a los órganos administrativos con vistas a la prevención de daños patrimoniales y morales, individuales o colectivos, garantizando la protección jurídica, económica, administrativa y técnica a los consumidores;

(REFORMADA, D.O.F. 4 DE FEBRERO DE 2004)

VI. El otorgamiento de información y de facilidades a los consumidores para la defensa de sus derechos;

VII. La protección contra la publicidad engañosa y abusiva, métodos comerciales coercitivos y desleales, así como contra prácticas y cláusulas abusivas o impuestas en el abastecimiento de productos y servicios;

(REFORMADA, D.O.F. 19 DE AGOSTO DE 2010)

VIII. La real y efectiva protección al consumidor en las transacciones efectuadas a través del uso de medios convencionales, electrónicos, ópticos o de cualquier otra tecnología y la adecuada utilización de los datos aportados;

(REFORMADA, D.O.F. 5 DE NOVIEMBRE DE 2013)

IX. El respeto a los derechos y obligaciones derivados de las relaciones de consumo y las medidas que garanticen su efectividad y cumplimiento;

(REFORMADA, D.O.F. 5 DE NOVIEMBRE DE 2013)

X. La protección de los derechos de la infancia, adultos mayores, personas con discapacidad e indígenas, y

(ADICIONADA, D.O.F. 5 DE NOVIEMBRE DE 2013)

XI. La libertad de constituir grupos u otras organizaciones de consumidores que, sin contravenir las disposiciones de esta ley, sean garantes de los derechos del consumidor.

Los derechos previstos en esta ley no excluyen otros derivados de tratados o convenciones internacionales de los que México sea signatario; de la legislación interna ordinaria; de reglamentos expedidos por las autoridades administrativas competentes; así como de los que deriven de los principios generales de derecho, la analogía, las costumbres y la equidad.

Artículo 2o.- Para los efectos de esta ley, se entiende por:

(REFORMADA, D.O.F. 4 DE FEBRERO DE 2004)

I. Consumidor: la persona física o moral que adquiere, realiza o disfruta como destinatario final bienes, productos o servicios. Se entiende también por consumidor a la persona física o moral que adquiera, almacene, utilice o consuma bienes o servicios con objeto de integrarlos en procesos de producción, transformación, comercialización o prestación de servicios a terceros, únicamente para los casos a que se refieren los artículos 99 y 117 de esta ley.

Tratándose de personas morales que adquieran bienes o servicios para integrarlos en procesos de producción o de servicios a terceros, sólo podrán ejercer las acciones a que se refieren los referidos preceptos cuando estén acreditadas como microempresas o microindustrias en términos de la Ley para el Desarrollo de la Competitividad de la Micro, Pequeña y Mediana Empresa y de la Ley Federal para el Fomento de la Microindustria y la Actividad Artesanal, respectivamente y conforme a los requisitos que se establezcan en el Reglamento de esta ley.

(REFORMADA, D.O.F. 19 DE AGOSTO DE 2010)

II. Proveedor: la persona física o moral en términos del Código Civil Federal, que habitual o periódicamente ofrece, distribuye, vende, arrienda o concede el uso o disfrute de bienes, productos y servicios;

(REFORMADA, D.O.F. 4 DE FEBRERO DE 2004)

III. Secretaría: la Secretaría de Economía, y

(REFORMADA, D.O.F. 4 DE FEBRERO DE 2004)

IV. Procuraduría: la Procuraduría Federal del Consumidor.

(REFORMADO, D.O.F. 9 DE ABRIL DE 2012)

Artículo 3o.- A falta de competencia específica de determinada dependencia de la administración pública federal, corresponde a la Secretaría de Economía expedir las normas oficiales mexicanas previstas por la ley y a la Procuraduría vigilar se cumpla con lo dispuesto en la propia ley y sancionar su incumplimiento.

Artículo 4o.- Son auxiliares en la aplicación y vigilancia de esta ley las autoridades federales, estatales y municipales.

(REFORMADO, D.O.F. 4 DE FEBRERO DE 2004)

Artículo 5o.- Quedan exceptuadas de las disposiciones de esta ley, los servicios que se presten en virtud de una relación o contrato de trabajo, los servicios profesionales que no sean de carácter mercantil y los servicios que presten las sociedades de información crediticia.

Asimismo, quedan excluidos los servicios regulados por las leyes financieras que presten las Instituciones y Organizaciones cuya supervisión o vigilancia esté a cargo de las comisiones nacionales Bancaria y de Valores; de Seguros y Fianzas; del Sistema de Ahorro para el Retiro o de cualquier órgano de regulación, de supervisión o de protección y defensa dependiente de la Secretaría de Hacienda y Crédito Público.

(REFORMADO, D.O.F. 4 DE FEBRERO DE 2004)

Artículo 6o.- Estarán obligados al cumplimiento de esta ley los proveedores y los consumidores. Las entidades de las administraciones públicas federal, estatal, municipal y del gobierno del Distrito Federal, están obligadas en cuanto tengan el carácter de proveedores o consumidores.

(REFORMADO, D.O.F. 11 DE ENERO DE 2018)

Artículo 7o.- Todo proveedor está obligado a informar y a respetar los precios, tarifas, garantías, cantidades, calidades, medidas, intereses, cargos, términos, restricciones, plazos, fechas, modalidades, reservaciones y demás condiciones aplicables en la comercialización de bienes, productos o servicios, sobre todos aquellos que se hubiera ofrecido, obligado o convenido con el consumidor para la entrega del bien o prestación del servicio, y bajo ninguna circunstancia serán negados estos bienes, productos o servicios a persona alguna, así como la información de los mismos.

(REFORMADO [N. DE E. ESTE PÁRRAFO], D.O.F. 11 DE ENERO DE 2018)

Artículo 7o Bis.- El proveedor deberá informar de forma notoria y visible el monto total a pagar por los bienes, productos o servicios que ofrezca al consumidor.

(REFORMADO, D.O.F. 19 DE JULIO DE 2010)

Dicho monto deberá incluir impuestos, comisiones, intereses, seguros y cualquier otro costo, cargo, gasto o erogación adicional que se requiera cubrir con motivo de la adquisición o contratación respectiva, sea ésta al contado o a crédito.

(REFORMADO, D.O.F. 4 DE FEBRERO DE 2004)

Artículo 8o.- La Procuraduría verificará que se respeten los precios máximos establecidos en términos de la Ley Federal de Competencia Económica, así como los precios y tarifas que conforme a lo dispuesto por otras disposiciones sean determinados por las autoridades competentes.

Los proveedores están obligados a respetar el precio máximo y las tarifas establecidas conforme al párrafo anterior.

(REFORMADO PRIMER PÁRRAFO, D.O.F. 28 DE ENERO DE 2011)

Artículo 8 Bis.- La Procuraduría deberá fomentar permanentemente una cultura de consumo responsable e inteligente, entendido como aquel que implica un consumo consciente, informado, crítico, saludable, sustentable, solidario y activo, a fin de que los consumidores estén en la posibilidad de realizar una buena toma de decisiones, suficientemente informada, respecto del consumo de bienes y servicios, los efectos de sus actos de consumo, y los derechos que los asisten.

(REFORMADO [N. DE E. ADICIONADO], D.O.F. 28 DE ENERO DE 2011)

Para este propósito, elaborará contenidos y materiales educativos en esta materia a fin de ponerlos a disposición del público por los medios a su alcance, incluyendo su distribución en los establecimientos de los proveedores, previo acuerdo con éstos. También presentará sus contenidos educativos a la autoridad federal competente a fin de que los incorpore a los programas oficiales correspondientes en términos de las disposiciones aplicables.

(ADICIONADO, D.O.F. 4 DE FEBRERO DE 2004)

La Procuraduría establecerá módulos o sistemas de atención y orientación a los consumidores en función de la afluencia comercial, del número de establecimientos y operaciones mercantiles, de la temporada del año y conforme a sus programas y medios, debiéndose otorgar a aquélla las facilidades necesarias para ello.

(REFORMADO, D.O.F. 11 DE ENERO DE 2018)

Artículo 9o.- Los proveedores de bienes, productos o servicios incurren en responsabilidad administrativa por los actos propios que atenten contra los derechos del consumidor y por los de sus colaboradores, subordinados y toda clase de gestores, vigilantes, guardias o personal auxiliar que les presten sus servicios, independientemente de la responsabilidad personal en que incurra el infractor.

Artículo 10.- Queda prohibido a cualquier proveedor de bienes o servicios llevar a cabo acciones que atenten contra la libertad o seguridad o integridad personales de los consumidores bajo pretexto de registro o averiguación. En el caso de que alguien sea sorprendido en la comisión flagrante de un delito, los proveedores, sus agentes o empleados se limitarán, bajo su responsabilidad, a poner sin demora al presunto infractor a disposición de la autoridad competente. La infracción de esta disposición se sancionará de acuerdo con lo previsto en esta ley, independientemente de la reparación del daño moral y la indemnización por los daños y perjuicios ocasionados en caso de no comprobarse el delito imputado.

(REFORMADO, D.O.F. 11 DE ENERO DE 2018)

Los proveedores no podrán aplicar métodos o prácticas comerciales coercitivas y desleales, ni cláusulas o condiciones abusivas o impuestas en el abastecimiento de productos o servicios. Asimismo, tampoco podrán prestar servicios adicionales a los originalmente contratados que no hubieren sido solicitados o aceptados expresamente, por escrito o por vía electrónica, por el consumidor, ni podrán aplicar cargos sin previo consentimiento del consumidor o que no se deriven del contrato correspondiente.

(ADICIONADO, D.O.F. 11 DE ENERO DE 2018)

Artículo 10 Bis.- Los proveedores no podrán incrementar injustificadamente precios por fenómenos naturales, meteorológicos o contingencias sanitarias.

Artículo 11.- El consumidor que al adquirir un bien haya entregado una cantidad como depósito por su envase o empaque, tendrá derecho a recuperar, en el momento de su devolución, la suma íntegra que haya erogado por ese concepto.

Artículo 12.- Sin perjuicio de lo dispuesto por la legislación fiscal, el proveedor, tiene obligación de entregar al consumidor factura, recibo o comprobante, en el que consten los datos específicos de la compraventa, servicio prestado u operación realizada.

(REFORMADO, D.O.F. 15 DE DICIEMBRE DE 2011)

Artículo 13.- La Procuraduría verificará a través de visitas, requerimientos de información o documentación, monitoreos, o por cualquier otro medio el cumplimiento de esta ley. Para efectos de lo dispuesto en este precepto, los proveedores, sus representantes o sus empleados están obligados a permitir al personal acreditado de la Procuraduría el acceso al lugar o lugares objeto de la verificación.

Las autoridades, proveedores y consumidores están obligados a proporcionar a la Procuraduría, en un término no mayor de quince días, la información o documentación necesaria que les sea requerida para el cumplimiento de sus atribuciones, así como para sustanciar los procedimientos a que se refiere esta ley. Dicho plazo podrá ser ampliado por una sola vez.

La Procuraduría considerará como información reservada, confidencial o comercial reservada aquella que establezca la Ley Federal de Transparencia y Acceso a la Información Pública Gubernamental.

(ADICIONADO, D.O.F. 11 DE ENERO DE 2018)

Se considerará infracción de los proveedores de bienes, productos o servicios la consistente en obstaculizar o impedir, por sí o por interpósita persona, las visitas de verificación, así como el procedimiento administrativo de ejecución que ordene la Procuraduría.

Artículo 14.- El plazo de prescripción de los derechos y obligaciones establecidos en la presente ley será de un año, salvo otros términos previstos por esta ley.

(ADICIONADO, D.O.F. 19 DE AGOSTO DE 2010)

En caso de afectaciones a los derechos de las niñas, niños y adolescentes, el término de prescripción será de diez años.

Artículo 15.- Cuando el cobro se haga mediante cargo directo a una cuenta de crédito, débito o similar del consumidor, el cargo no podrá efectuarse sino hasta la entrega del bien, o la prestación del servicio, excepto cuando exista consentimiento expreso del consumidor para que éstas se realicen posteriormente.

(REFORMADO, D.O.F. 4 DE FEBRERO DE 2004)

Artículo 16.- Los proveedores y empresas que utilicen información sobre consumidores con fines mercadotécnicos o publicitarios están obligados a informar gratuitamente a cualquier persona que lo solicite si mantienen información acerca de ella. De existir dicha información, deberán ponerla a su disposición si ella misma o su representante lo solicita, e informar acerca de qué información han compartido con terceros y la identidad de esos terceros, así como las recomendaciones que hayan efectuado. La respuesta a cada solicitud deberá darse dentro de los treinta días siguientes a su presentación. En caso de existir alguna ambigüedad o inexactitud en la información de un consumidor, éste se la deberá hacer notar al proveedor o a la empresa, quien deberá efectuar dentro de un plazo de treinta días contados a partir de la fecha en que se le haya hecho la solicitud, las correcciones que fundadamente indique el consumidor, e informar las correcciones a los terceros a quienes les haya entregado dicha información.

Para los efectos de esta ley, se entiende por fines mercadotécnicos o publicitarios el ofrecimiento y promoción de bienes, productos o servicios a consumidores.

(REFORMADO, D.O.F. 4 DE FEBRERO DE 2004)

Artículo 17.- En la publicidad que se envíe a los consumidores se deberá indicar el nombre, domicilio, teléfono y, en su defecto, la dirección electrónica del proveedor; de la empresa que, en su caso, envíe la publicidad a nombre del proveedor, y de la Procuraduría.

El consumidor podrá exigir directamente a proveedores específicos y a empresas que utilicen información sobre consumidores con fines mercadotécnicos o publicitarios, no ser molestado en su domicilio, lugar de trabajo, dirección electrónica o por cualquier otro medio, para ofrecerle bienes, productos o servicios, y que no le envíen publicidad. Asimismo, el consumidor podrá exigir en todo momento a proveedores y a empresas que utilicen información sobre consumidores con fines mercadotécnicos o publicitarios, que la información relativa a él mismo no sea cedida o transmitida a terceros, salvo que dicha cesión o transmisión sea determinada por una autoridad judicial.

(REFORMADO, D.O.F. 4 DE FEBRERO DE 2004)

Artículo 18.- La Procuraduría podrá llevar, en su caso, un registro público de consumidores que no deseen que su información sea utilizada para fines mercadotécnicos o publicitarios. Los consumidores podrán comunicar por escrito o por correo electrónico a la Procuraduría su solicitud de inscripción en dicho registro, el cual será gratuito.

(ADICIONADO, D.O.F. 4 DE FEBRERO DE 2004)

Artículo 18 Bis.- Queda prohibido a los proveedores y a las empresas que utilicen información sobre consumidores con fines mercadotécnicos o publicitarios y a sus clientes, utilizar la información relativa a los consumidores con fines diferentes a los mercadotécnicos o publicitarios, así como enviar publicidad a los consumidores que expresamente les hubieren manifestado su voluntad de no recibirla o que estén inscritos en el registro a que se refiere el artículo anterior. Los proveedores que sean objeto de publicidad son corresponsables del manejo de la información de consumidores cuando dicha publicidad la envíen a través de terceros.

CAPÍTULO II
DE LAS AUTORIDADES

(REFORMADO PRIMER PÁRRAFO, D.O.F. 4 DE FEBRERO DE 2004)

Artículo 19.- La Secretaría determinará la política de protección al consumidor, que constituye uno de los instrumentos sociales y económicos del Estado para favorecer y promover los intereses y derechos de los consumidores. Lo anterior, mediante la adopción de las medidas que procuren el mejor funcionamiento de los mercados y el crecimiento económico del país.

(ADICIONADO, D.O.F. 4 DE FEBRERO DE 2004)

Dicha Secretaría está facultada para expedir normas oficiales mexicanas y normas mexicanas respecto de:

I. Productos que deban expresar los elementos, substancias o ingredientes de que estén elaborados o integrados así como sus propiedades, características, fecha de caducidad, contenido neto y peso ó masa drenados, y demás datos relevantes en los envases, empaques, envolturas, etiquetas o publicidad, que incluyan los términos y condiciones de los instructivos y advertencias para su uso ordinario y conservación;

II. La tolerancia admitida en lo referente a peso y contenido de los productos ofrecidos en envases o empaques, así como lo relativo a distribución y manejo de gas L. P.;

III. La forma y términos en que deberá incorporarse la información obligatoria correspondiente en los productos a que se refieren las fracciones anteriores;

IV. Los requisitos de información a que se someterán las garantías de los productos y servicios, salvo que estén sujetos a la inspección o vigilancia de otra dependencia de la administración pública federal, en cuyo caso ésta ejercerá la presente atribución;

V. Los requisitos que deberán cumplir los sistemas y prácticas de comercialización de bienes;

VI. Los productos que deberán observar requisitos especiales para ostentar el precio de venta al público de los productos, cualesquiera que éstos sean, en sus envases, empaques o envolturas o mediante letreros colocados en el lugar donde se encuentren para su expendio, donde se anuncien u ofrezcan al público, así como la forma en que deberán ostentarse;

VII. Los términos y condiciones a que deberán ajustarse los modelos de contratos de adhesión que requieran de inscripción en los términos de esta ley;

VIII. Características de productos, procesos, métodos, sistemas o prácticas industriales, comerciales o de servicios que requieran ser normalizados de conformidad con otras disposiciones; y

IX. Los demás que establezcan esta ley y otros ordenamientos.

(ADICIONADO, D.O.F. 4 DE FEBRERO DE 2004)

La Secretaría, en los casos en que se requiera, emitirá criterios y lineamientos para la interpretación de las normas a que se refiere este precepto.

Artículo 20.- La Procuraduría Federal del Consumidor es un organismo descentralizado de servicio social con personalidad jurídica y patrimonio propio. Tiene funciones de autoridad administrativa y está encargada de promover y proteger los derechos e intereses del consumidor y procurar la equidad y seguridad jurídica en las relaciones entre proveedores y consumidores. Su funcionamiento se regirá por lo dispuesto en esta ley, los reglamentos de ésta y su estatuto.

(REFORMADO, D.O.F. 4 DE FEBRERO DE 2004)

Artículo 21.- El domicilio de la Procuraduría será la Ciudad de México y establecerá delegaciones en todas las entidades federativas y el Distrito Federal. Los tribunales federales serán competentes para resolver todas las controversias en que sea parte.

Artículo 22.- La Procuraduría se organizará de manera desconcentrada para el despacho de los asuntos a su cargo, con oficinas centrales, delegaciones, subdelegaciones y demás unidades administrativas que estime convenientes, en los términos que señalen los reglamentos y su estatuto.

Artículo 23.- El patrimonio de la Procuraduría estará integrado por:

I. Los bienes con que cuenta;

II. Los recursos que directamente le asigne el Presupuesto de Egresos de la Federación;

(REFORMADA, D.O.F. 4 DE FEBRERO DE 2004)

III. Los recursos que le aporten las dependencias y entidades de la administración pública federal, estatal, municipal y del gobierno del Distrito Federal;

IV. Los ingresos que perciba por los servicios que proporcione en los términos que señale la ley de la materia; y

V. Los demás bienes que adquiera por cualquier otro título legal.

(REFORMADO PRIMER PÁRRAFO, D.O.F. 15 DE DICIEMBRE DE 2011)

Artículo 24.- La procuraduría tiene las siguientes atribuciones:

I. Promover y proteger los derechos del consumidor, así como aplicar las medidas necesarias para propiciar la equidad y seguridad jurídica en las relaciones entre proveedores y consumidores;

II. Procurar y representar los intereses de los consumidores, mediante el ejercicio de las acciones, recursos, trámites o gestiones que procedan;

III. Representar individualmente o en grupo a los consumidores ante autoridades jurisdiccionales y administrativas, y ante los proveedores;

IV. Recopilar, elaborar, procesar y divulgar información objetiva para facilitar al consumidor un mejor conocimiento de los bienes y servicios que se ofrecen en el mercado.

(ADICIONADO, D.O.F. 19 DE AGOSTO DE 2010)

En el caso de servicios educativos proporcionados por particulares, deberá informar a las y los consumidores, la publicación señalada en el segundo párrafo del artículo 56 de la Ley General de Educación así como la aptitud del personal administrativo que labora en el plantel;

(REFORMADA, D.O.F. 4 DE FEBRERO DE 2004)

V. Formular y realizar programas de educación para el consumo, así como de difusión y orientación respecto de las materias a que se refiere esta ley;

VI. Orientar a la industria y al comercio respecto de las necesidades y problemas de los consumidores;

VII. Realizar y apoyar análisis, estudios e investigaciones en materia de protección al consumidor;

(REFORMADA, D.O.F. 4 DE FEBRERO DE 2004)

VIII. Promover y realizar directamente, en su caso, programas educativos y de capacitación en las materias a que se refiere esta ley y prestar asesoría a consumidores y proveedores;

IX. Promover nuevos o mejores sistemas y mecanismos que faciliten a los consumidores el acceso a bienes y servicios en mejores condiciones de mercado;

(ADICIONADA, D.O.F. 29 DE MAYO DE 2000) (REPUBLICADA, G.O. 30 DE MAYO DE 2000)

IX BIS. Promover en coordinación con la Secretaría la formulación, difusión y uso de códigos de ética, por parte de proveedores, que incorporen los principios previstos por esta Ley respecto de las transacciones que celebren con consumidores a través del uso de medios electrónicos, ópticos o de cualquier otra tecnología;

(ADICIONADA, D.O.F. 15 DE DICIEMBRE DE 2011)

IX TER. Promover la coordinación entre las autoridades federales, estatales y municipales que corresponda, a fin de asegurar la protección efectiva al consumidor en contra de la información o publicidad engañosa o abusiva;

X. Actuar como perito y consultor en materia de calidad de bienes y servicios y elaborar estudios relativos;

XI. Celebrar convenios con proveedores y consumidores y sus organizaciones para el logro de los objetivos de esta ley;

(REFORMADA, D.O.F. 4 DE FEBRERO DE 2004)

XII. Celebrar convenios y acuerdos de colaboración con autoridades federales, estatales, municipales, del gobierno del Distrito Federal y entidades paraestatales en beneficio de los consumidores; así como acuerdos interinstitucionales con otros países, de conformidad con las leyes respectivas;

(REFORMADA, D.O.F. 4 DE FEBRERO DE 2004)

XIII. Vigilar y verificar el cumplimiento de las disposiciones en materia de precios y tarifas establecidos o registrados por la autoridad competente y coordinarse con otras autoridades legalmente facultadas para inspeccionar precios para lograr la eficaz protección de los intereses del consumidor y, a la vez evitar duplicación de funciones;

(REFORMADA, D.O.F. 4 DE FEBRERO DE 2004)

XIV. Vigilar y verificar el cumplimiento de las disposiciones contenidas en esta ley y, en el ámbito de su competencia, las de la Ley Federal sobre Metrología y Normalización, así como de las normas oficiales mexicanas y demás disposiciones aplicables, y en su caso determinar los criterios para la verificación de su cumplimiento;

(ADICIONADA, D.O.F. 4 DE FEBRERO DE 2004)

XIV BIS. Verificar que las pesas, medidas y los instrumentos de medición que se utilicen en transacciones comerciales, industriales o de servicios sean adecuados y, en su caso, realizar el ajuste de los instrumentos de medición en términos de lo dispuesto en la Ley Federal sobre Metrología y Normalización;

XV. Registrar los contratos de adhesión que lo requieran, cuando cumplan la normatividad aplicable, y organizar y llevar el Registro Público de contratos de adhesión;

(REFORMADA, D.O.F. 4 DE FEBRERO DE 2004)

XVI. Procurar la solución de las diferencias entre consumidores y proveedores y, en su caso, emitir dictámenes en donde se cuantifiquen las obligaciones contractuales del proveedor, conforme a los procedimientos establecidos en esta ley;

(REFORMADA, D.O.F. 19 DE AGOSTO DE 2010)

XVII. Denunciar ante el Ministerio Público los hechos que puedan ser constitutivos de delitos y que sean de su conocimiento y, ante las autoridades competentes, los actos que constituyan violaciones administrativas que afecten la integridad e intereses de las y los consumidores;

(REFORMADA, D.O.F. 4 DE FEBRERO DE 2004)

XVIII. Promover y apoyar la constitución de organizaciones de consumidores, proporcionándoles capacitación y asesoría, así como procurar mecanismos para su autogestión;

(REFORMADA, D.O.F. 11 DE ENERO DE 2018)

XIX. Aplicar y ejecutar las sanciones y demás medidas establecidas en esta ley, en la Ley Federal sobre Metrología y Normalización y demás ordenamientos aplicables;

(REFORMADA, D.O.F. 4 DE FEBRERO DE 2004)

XX. Requerir a los proveedores o a las autoridades competentes a que tomen medidas adecuadas para combatir, detener, modificar o evitar todo género de prácticas que lesionen los intereses de los consumidores, y cuando lo considere pertinente publicar dicho requerimiento;

(REFORMADA, D.O.F. 11 DE ENERO DE 2018)

XX BIS. En el caso de que en ejercicio de sus atribuciones identifique aumentos de precios, restricciones en la cantidad ofrecida o divisiones de mercados de bienes o servicios derivados de posibles prácticas monopólicas en términos de lo dispuesto por la Ley Federal de Competencia Económica, la Procuraduría, en representación de los consumidores, podrá presentar ante la Comisión Federal de Competencia Económica la denuncia que corresponda;

(REFORMADA, D.O.F. 19 DE AGOSTO DE 2010)

XXI. Ordenar se informe a los consumidores sobre las acciones u omisiones de los proveedores que afecten sus intereses o derechos, así como la forma en que los proveedores los retribuirán o compensarán;

(REFORMADA, D.O.F. 4 DE JUNIO DE 2014)

XXII. Coadyuvar con las autoridades competentes para salvaguardar los derechos de la infancia, adultos mayores, personas con discapacidad e indígenas;

(REFORMADA, D.O.F. 11 DE ENERO DE 2018)

XXIII. Publicar, a través de cualquier medio, los productos y servicios que con motivo de sus verificaciones y los demás procedimientos previstos por la Ley sean detectados como riesgosos o en incumplimiento a las disposiciones jurídicas aplicables; emitir alertas dirigidas a los consumidores y dar a conocer las de otras autoridades o agencias sobre productos o prácticas en el abastecimiento de bienes, productos o servicios, defectuosos, dañinos o que pongan en riesgo la vida, la salud o la seguridad del consumidor; ordenar y difundir llamados a revisión dirigidos a proveedores y dar a conocer los de otras autoridades sobre productos o prácticas en el abastecimiento de bienes, productos o servicios, defectuosos, dañinos o que pongan en riesgo la vida, la salud, la seguridad o la economía del consumidor;

(ADICIONADA, D.O.F. 11 DE ENERO DE 2018)

XXIV. Retirar del mercado los bienes o productos, cuando se haya determinado fehacientemente por la autoridad competente, que ponen en riesgo la vida o la salud del consumidor, cuando los proveedores hayan informado previamente que sus productos ponen en riesgo la vida o la salud de los consumidores y, en su caso, ordenar la destrucción de los mismos, a fin de evitar que sean comercializados;

(ADICIONADA, D.O.F. 11 DE ENERO DE 2018)

XXV. Ordenar la reparación o sustitución de los bienes, productos o servicios que representen un riesgo para la vida, la salud, la seguridad o la economía del consumidor;

(ADICIONADA, D.O.F. 11 DE ENERO DE 2018)

XXVI. Aplicar el procedimiento administrativo de ejecución, en términos del Código Fiscal de la Federación, para el cobro de las multas que no hubiesen sido cubiertas oportunamente, y

(ADICIONADA, D.O.F. 4 DE FEBRERO DE 2004)

XXVII. Las demás que le confieran esta ley y otros ordenamientos.

(REFORMADO [N. DE E. ESTE PÁRRAFO], D.O.F. 11 DE ENERO DE 2018)

Artículo 25.- La Procuraduría, para el desempeño de las funciones que le atribuye la ley, podrá aplicar previo apercibimiento las siguientes medidas de apremio:

(ACTUALIZADA EN SU MONTO, D.O.F. 21 DE DICIEMBRE DE 2023)

I. Multa de $350.57 a $35,057.35;

(REFORMADA, D.O.F. 11 DE ENERO DE 2018)

II. El auxilio de la fuerza pública;

(REFORMADA, D.O.F. 11 DE ENERO DE 2018)

III. Ordenar arresto administrativo hasta por 36 horas, y

(ACTUALIZADA EN SU MONTO, D.O.F. 21 DE DICIEMBRE DE 2023)

IV. En caso de que persista la infracción podrán imponerse nuevas multas por cada día que transcurra sin que se obedezca el mandato respectivo, hasta por $14,022.94, por un período no mayor a 180 días.

(ADICIONADO, D.O.F. 11 DE ENERO DE 2018)

Las medidas de apremio se aplicarán en función de la gravedad de la conducta u omisión en que hubiera incurrido el proveedor, sin existir alguna prelación específica en cuanto a su imposición.

(REFORMADO, D.O.F. 10 DE JUNIO DE 2009)

Artículo 25 Bis.- La Procuraduría podrá aplicar las siguientes medidas precautorias cuando se afecte o pueda afectar la vida, la salud, la seguridad o la economía de una colectividad de consumidores:

I. Inmovilización de envases, bienes, productos y transportes;

II. El aseguramiento de bienes o productos en términos de lo dispuesto por el artículo 98 TER de esta Ley;

III. Suspensión de la comercialización de bienes, productos o servicios;

IV. Ordenar el retiro de bienes o productos del mercado, cuando se haya determinado fehacientemente por la autoridad competente que ponen en riesgo la vida o la salud de los consumidores;

(REFORMADA, D.O.F. 11 DE ENERO DE 2018)

V. Colocación de sellos e información de advertencia;

(REFORMADA, D.O.F. 11 DE ENERO DE 2018)

VI. Ordenar la suspensión de información o publicidad a que se refiere el artículo 35 de esta ley, y

(ADICIONADA, D.O.F. 11 DE ENERO DE 2018)

VII. Emitir alertas a los consumidores y dar a conocer las de otras autoridades sobre productos defectuosos o dañinos que pongan en riesgo la vida, la salud, la seguridad o la economía del consumidor, y ordenar el llamado a revisión de bienes o productos cuando presenten defecto o daños que ameriten ser corregidos, reparados o reemplazados, y los proveedores hayan informado esta circunstancia a la Procuraduría.

(REFORMADO, D.O.F. 11 DE ENERO DE 2018)

Las medidas precautorias se dictarán conforme a los criterios que al efecto expida la Procuraduría y dentro del procedimiento correspondiente en términos de lo dispuesto en el artículo 57 y demás relativos de la Ley Federal sobre Metrología y Normalización; así como cuando se advierta que se afecta o se puede afectar la economía de una colectividad de consumidores en los casos a que se refiere el artículo 128 TER o cuando se violen disposiciones de esta ley por diversas conductas o prácticas comerciales abusivas, tales como: el incumplimiento de precios o tarifas exhibidos; el condicionamiento de la venta de bienes o de servicios; el incumplimiento de ofertas y promociones; por conductas discriminatorias y por publicidad o información engañosa. En el caso de la medida precautoria a que se refiere la fracción IV de este precepto, previo a la colocación del sello e información respectiva, la Procuraduría realizará apercibimiento salvo el caso de que se encuentre en riesgo el principio señalado en la fracción X del artículo 1 de la presente ley. Tales medidas se levantarán una vez que el proveedor aporte elementos de convicción que acrediten el cese de las causas que hubieren originado su aplicación. En su caso, la Procuraduría hará del conocimiento de otras autoridades competentes la aplicación de la o las medidas a que se refiere este precepto. En caso de que la acreditación del cese de las causas que dieron origen a la imposición de la medida precautoria, se basen en documentación o información falsa o que no sea idónea para comprobar su regularización, la Procuraduría sancionará conforme lo prevé el artículo 128 TER fracción XI de esta ley.

(ADICIONADO, D.O.F. 11 DE ENERO DE 2018)

La Procuraduría una vez que se hayan aportado los elementos de convicción que acrediten el cese de la causa a la que se refiere la fracción V de este artículo, tendrá un plazo de diez días hábiles para el levantamiento de esta medida.

Los proveedores están obligados a informar de inmediato a las autoridades si determinan que alguno de sus productos puede implicar riesgos para la vida o la salud de los consumidores.

(ADICIONADO, D.O.F. 11 DE ENERO DE 2018)

En el caso de la medida precautoria a que se refiere la fracción VII de este precepto, la Procuraduría podrá requerir al proveedor que remita la información que obre en sus archivos o bases de datos, tal como: el número de consumidores notificados, cantidad de productos o servicios involucrados y su distribución geográfica, las acciones, plazos, calendarios, programas de mantenimiento o de pago, cartas compromiso, presupuestos o cualquiera otra medida dirigida a cumplirlas, y podrá supervisar la disposición de los productos o servicios involucrados y los avances en la atención a los consumidores.

(REFORMADO, D.O.F. 30 DE AGOSTO DE 2011)

Artículo 26.- Cuando se realicen actos, hechos u omisiones que vulneren derechos e intereses de una colectividad o grupo de consumidores, la Procuraduría, así como cualquier legitimado a que se refiere el artículo 585 del Código Federal de Procedimientos Civiles, podrán ejercitar la acción colectiva de conformidad con lo dispuesto en el Libro Quinto de dicho Código.

Artículo 27.- El Procurador Federal del Consumidor tendrá las siguientes atribuciones:

(REFORMADA, D.O.F. 4 DE FEBRERO DE 2004)

I. Representar legalmente a la Procuraduría, así como otorgar poderes a servidores públicos de la misma, para representarla en asuntos o procedimientos judiciales, administrativos y laborales;

II. Nombrar y remover al personal al servicio de la Procuraduría, señalándole sus funciones y remuneraciones;

III. Crear las unidades que se requieran para el buen funcionamiento de la Procuraduría y determinar la competencia de dichas unidades, de acuerdo con el estatuto orgánico;

(REFORMADA, D.O.F. 4 DE FEBRERO DE 2004)

IV. Informar al Secretario de Economía sobre los asuntos que sean de la competencia de la Procuraduría;

V. Proponer el anteproyecto de presupuesto de la Procuraduría y autorizar el ejercicio del aprobado;

VI. Aprobar los programas de la entidad;

(REFORMADA, D.O.F. 4 DE FEBRERO DE 2004)

VII. Establecer los criterios para la imposición de sanciones que determina la ley, así como para dejarlas sin efecto, reducirlas, modificarlas o conmutarlas, cuando a su criterio se preserve la equidad; observando en todo momento lo dispuesto por los artículos 132 y 134 del presente ordenamiento;

VIII. Delegar facultades de autoridad y demás necesarias o convenientes en servidores públicos subalternos, sin perjuicio de su ejercicio directo. Los acuerdos relativos se publicarán en el Diario Oficial de la Federación;

IX. Fijar las políticas y expedir las normas de organización y funcionamiento de la Procuraduría;

(REFORMADA, D.O.F. 28 DE ENERO DE 2011)

X. Expedir el estatuto orgánico de la Procuraduría, previa aprobación del Secretario de Economía;

(ADICIONADA, D.O.F. 28 DE ENERO DE 2011)

XI. Expedir lineamientos, criterios y demás normas administrativas que permitan a la Procuraduría el ejercicio de las atribuciones legales y reglamentarias que tenga conferidas, y

XII. Las demás que le confiera esta ley y otros ordenamientos.

Artículo 28.- El Procurador Federal del Consumidor será designado por el Presidente de la República y deberá ser ciudadano mexicano y tener título de licenciado en derecho y haberse desempeñado en forma destacada en cuestiones profesionales, de servicio público, o académicas substancialmente relacionadas con el objeto de esta ley.

Artículo 29.- Las relaciones de trabajo entre la Procuraduría y sus trabajadores se regularán por la Ley Federal de los Trabajadores al Servicio del Estado, reglamentaria del Apartado B) del artículo 123 Constitucional. Dentro del personal de confianza se considerará al que desempeñe funciones directivas, de investigación, vigilancia, inspección, supervisión y demás establecidas en dicha ley. Asimismo, tendrán este carácter quienes se encuentren adscritos a las oficinas superiores, los delegados, subdelegados y los que manejen fondos y valores.

(ADICIONADO, D.O.F. 26 DE MAYO DE 2011)

Artículo 29 Bis.- La Procuraduría determinará y aplicará controles de confianza para todo su personal en los términos que establezca el Procurador en los lineamientos correspondientes, como medida para asegurar su probidad y honestidad, y en particular tratándose de quienes realicen o supervisen labores de verificación y vigilancia establecidas en el capítulo XII de la propia ley, se les aplicarán, además de los que se establezcan en los lineamientos referidos, exámenes psicológicos, toxicológicos, patrimoniales y socioeconómicos.

Artículo 30.- El personal de la Procuraduría estará incorporado al régimen de la Ley del Instituto de Seguridad y Servicios Sociales de los Trabajadores del Estado.

(REFORMADO, D.O.F. 4 DE FEBRERO DE 2004)

Artículo 31.- Para la elaboración de sus planes y programas de trabajo, la Procuraduría llevará a cabo consultas con representantes de los sectores público, social y privado; con instituciones nacionales de educación superior, así como con organizaciones de consumidores. Asimismo, asesorará a la Secretaría en cuestiones relacionadas con las políticas de protección al consumidor y opinará sobre los proyectos de normas oficiales mexicanas y sobre cualquiera otra medida regulatoria que pueda afectar los derechos de los consumidores.

(DEROGADO SEGUNDO PÁRRAFO, D.O.F. 4 DE FEBRERO DE 2004)

(DEROGADO TERCER PÁRRAFO, D.O.F. 4 DE FEBRERO DE 2004)

CAPÍTULO III
DE LA INFORMACIÓN Y PUBLICIDAD

(REFORMADO PRIMER PÁRRAFO, D.O.F. 13 DE MAYO DE 2016)

Artículo 32.- La información o publicidad relativa a bienes, productos o servicios que se difundan por cualquier medio o forma, deberán ser veraces, comprobables, claros y exentos de textos, diálogos, sonidos, imágenes, marcas, denominaciones de origen y otras descripciones que induzcan o puedan inducir a error o confusión por engañosas o abusivas.

(REFORMADO, D.O.F. 15 DE DICIEMBRE DE 2011)

Para los efectos de esta ley, se entiende por información o publicidad engañosa o abusiva aquella que refiere características o información relacionadas con algún bien, producto o servicio que pudiendo o no ser verdaderas, inducen a error o confusión al consumidor por la forma inexacta, falsa, exagerada, parcial, artificiosa o tendenciosa en que se presenta.

(REFORMADO, D.O.F. 15 DE DICIEMBRE DE 2011)

La información o publicidad que compare productos o servicios, sean de una misma marca o de distinta, no podrá ser engañosa o abusiva en términos de lo dispuesto en el párrafo anterior.

(ADICIONADO, D.O.F. 11 DE ENERO DE 2018)

Queda prohibido incluir en la información o publicidad en la que se comercialice un producto o servicio, toda leyenda o información que indique que han sido avalados, aprobados, recomendados o certificados por sociedades o asociaciones profesionales, cuando éstas carezcan de la documentación apropiada que soporte con evidencia científica, objetiva y fehaciente, las cualidades o propiedades del producto o servicio, o cualquier otro requisito señalado en las leyes aplicables para acreditar las mismas.

(REFORMADO, D.O.F. 15 DE DICIEMBRE DE 2011)

La Procuraduría podrá emitir lineamientos para el análisis y verificación de dicha información o publicidad a fin de evitar que se induzca a error o confusión al consumidor, considerando el contexto temporal en que se difunde, el momento en que se transmite respecto de otros contenidos difundidos en el mismo medio y las circunstancias económicas o especiales del mercado.

(ADICIONADO, D.O.F. 13 DE MAYO DE 2016)

En el análisis y verificación de la información o publicidad, la Procuraduría comprobará que la misma sea veraz, comprobable, clara y apegada a esta Ley y a las demás disposiciones aplicables.

(ADICIONADO, D.O.F. 11 DE ENERO DE 2018)

Previo a su difusión, los proveedores de manera voluntaria, podrán someter su publicidad a revisión de la Procuraduría, a fin de que la misma emita una opinión no vinculante.

Artículo 33.- La información de productos importados expresará su lugar de origen y, en su caso, los lugares donde puedan repararse, así como las instrucciones para su uso y las garantías correspondientes, en los términos señalados por esta ley.

Artículo 34.- Los datos que ostenten los productos o sus etiquetas, envases y empaques y la publicidad respectiva, tanto de manufactura nacional como de procedencia extranjera, se expresarán en idioma español y su precio en moneda nacional en términos comprensibles y legibles conforme al sistema general de unidades de medida, sin perjuicio de que, además, se expresen en otro idioma u otro sistema de medida.

Artículo 35.- Sin perjuicio de la intervención que otras disposiciones legales asignen a distintas dependencias, la Procuraduría podrá:

(REFORMADA, D.O.F. 4 DE FEBRERO DE 2004)

I. Ordenar al proveedor que suspenda la información o publicidad que viole las disposiciones de esta ley y, en su caso, al medio que la difunda;

(REFORMADA, D.O.F. 4 DE FEBRERO DE 2004)

II. Ordenar que se corrija la información o publicidad que viole las disposiciones de esta ley en la forma en que se estime suficiente, y

III. Imponer las sanciones que correspondan, en términos de esta ley.

(REFORMADO, D.O.F. 4 DE FEBRERO DE 2004)

Para los efectos de las fracciones II y III, deberá concederse al infractor la garantía de audiencia a que se refiere el artículo 123 de este ordenamiento.

(ADICIONADO, D.O.F. 4 DE FEBRERO DE 2004)

Cuando la Procuraduría instaure algún procedimiento administrativo relacionado con la veracidad de la información, podrá ordenar al proveedor que en la publicidad o información que se difunda, se indique que la veracidad de la misma no ha sido comprobada ante la autoridad competente.

Artículo 36.- Se sancionará a petición de parte interesada, en los términos señalados en esta ley, a quien inserte algún aviso en la prensa o en cualquier otro medio masivo de difusión, dirigido nominativa e indubitablemente a uno o varios consumidores para hacer efectivo un cobro o el cumplimiento de un contrato.

(REFORMADO, D.O.F. 4 DE FEBRERO DE 2004)

Artículo 37.- La falta de veracidad en los informes, instrucciones, datos y condiciones prometidas o sugeridas, además de las sanciones que se apliquen conforme a esta ley, dará lugar al cumplimiento de lo ofrecido o, cuando esto no sea posible, a la reposición de los gastos necesarios que pruebe haber efectuado el adquirente y, en su caso, al pago de la bonificación o compensación a que se refiere el artículo 92 TER de esta ley.

Artículo 38.- Las leyendas que restrinjan o limiten el uso del bien o el servicio deberán hacerse patentes en forma clara, veraz y sin ambigüedades.

Artículo 39.- Cuando se expendan al público productos con alguna deficiencia, usados o reconstruidos, deberá advertirse de manera precisa y clara tales circunstancias al consumidor y hacerse constar en los propios bienes, envolturas, notas de remisión o facturas correspondientes.

Artículo 40.- Las leyendas "garantizado", "garantía" o cualquier otra equivalente, sólo podrán emplearse cuando se indiquen en qué consisten y la forma en que el consumidor puede hacerlas efectivas.

(REFORMADO, D.O.F. 4 DE FEBRERO DE 2004)

Artículo 41.- Cuando se trate de productos o servicios que de conformidad con las disposiciones aplicables, se consideren potencialmente peligrosos para el consumidor o lesivos para el medio ambiente o cuando sea previsible su peligrosidad, el proveedor deberá incluir un instructivo que advierta sobre sus características nocivas y explique con claridad el uso o destino recomendado y los posibles efectos de su uso, aplicación o destino fuera de los lineamientos recomendados. El proveedor responderá de los daños y perjuicios que cause al consumidor la violación de esta disposición, sin perjuicio de lo dispuesto en el artículo 92 TER de esta ley.

Artículo 42.- El proveedor está obligado a entregar el bien o suministrar el servicio de acuerdo con los términos y condiciones ofrecidos o implícitos en la publicidad o información desplegados, salvo convenio en contrario o consentimiento escrito del consumidor.

Artículo 43.- Salvo cuando medie mandato judicial o disposición jurídica que exija el cumplimiento de algún requisito, ni el proveedor ni sus dependientes podrán negar al consumidor la venta, adquisición, renta o suministro de bienes o servicios que se tengan en existencia. Tampoco podrá condicionarse la venta, adquisición o renta a la adquisición o renta de otro producto o prestación de un servicio. Se presume la existencia de productos o servicios cuando éstos se anuncien como disponibles.

(ADICIONADO, D.O.F. 4 DE FEBRERO DE 2004)

Tratándose de servicios, los proveedores que ofrezcan diversos planes y modalidades de comercialización, deberán informar al consumidor sobre las características, condiciones y costo total de cada uno de ellos. En el caso de que únicamente adopten un plan específico de comercialización de servicios, tales como paquetes o sistemas todo incluido, deberán informar a los consumidores con oportunidad y en su publicidad, lo que incluyen tales planes y que no disponen de otros.

Tratándose de contratos de tracto sucesivo, el proveedor podrá realizar una investigación de crédito para asegurarse que el consumidor está en condiciones de cumplirlo; igualmente, no se considerará que se viola esta disposición cuando haya un mayor número de solicitantes que el de bienes o servicios disponibles.

Artículo 44.- La Procuraduría podrá hacer referencia a productos, marcas, servicios o empresas en forma específica, como resultado de investigaciones permanentes, técnicas y objetivas, a efecto de orientar y proteger el interés de los consumidores y publicar periódicamente dichos resultados para conocimiento de éstos.

(REFORMADO, D.O.F. 11 DE ENERO DE 2018)

Los resultados de las investigaciones, encuestas y monitoreos publicados por la Procuraduría podrán ser usados por los proveedores con fines publicitarios, sólo cuando señalen de manera visible, clara, veraz y comprobable, el medio y la fecha de publicación y se presente completa al consumidor.

Artículo 45.- Quedan prohibidos los convenios, códigos de conducta o cualquier otra forma de colusión entre proveedores, publicistas o cualquier grupo de personas para restringir la información que se pueda proporcionar a los consumidores.

CAPÍTULO IV
DE LAS PROMOCIONES Y OFERTAS

Artículo 46.- Para los efectos de esta ley, se consideran promociones las prácticas comerciales consistentes en el ofrecimiento al público de bienes o servicios:

I. Con el incentivo de proporcionar adicionalmente otro bien o servicio iguales o diversos, en forma gratuita, a precio reducido o a un solo precio;

II. Con un contenido adicional en la presentación usual de un producto, en forma gratuita o a precio reducido;

III. Con figuras o leyendas impresas en las tapas, etiquetas, o envases de los productos o incluidas dentro de aquéllos, distintas a las que obligatoriamente deben usarse; y

IV. Bienes o servicios con el incentivo de participar en sorteos, concursos y otros eventos similares.

Por "oferta", "barata", "descuento", "remate" o cualquier otra expresión similar se entiende el ofrecimiento al público de productos o servicios de la misma calidad a precios rebajados o inferiores a los normales del establecimiento.

(REFORMADO PRIMER PÁRRAFO, D.O.F. 4 DE FEBRERO DE 2004)

Artículo 47.- No se necesitará autorización ni aviso para llevar a cabo promociones, excepto cuando así lo dispongan las normas oficiales mexicanas, en los casos en que se lesionen o se puedan lesionar los intereses de los consumidores.

No podrán imponerse restricciones a la actividad comercial en adición a las señaladas en esta ley, ni favorecer específicamente las promociones u ofertas de proveedores determinados.

Artículo 48.- En las promociones y ofertas se observarán las siguientes reglas:

(REFORMADA, D.O.F. 4 DE FEBRERO DE 2004)

I. En los anuncios respectivos deberán indicarse las condiciones, así como el plazo de duración o el volumen de los bienes o servicios ofrecidos; dicho volumen deberá acreditarse a solicitud de la autoridad. Si no se fija plazo ni volumen, se presume que son indefinidos hasta que se haga del conocimiento público la revocación de la promoción o de la oferta, de modo suficiente y por los mismos medios de difusión, y

II. Todo consumidor que reúna los requisitos respectivos tendrá derecho a la adquisición, durante el plazo previamente determinado o en tanto exista disponibilidad, de los bienes o servicios de que se trate.

(REFORMADO, D.O.F. 4 DE FEBRERO DE 2004)

Artículo 49.- No se podrán realizar promociones en las que se anuncie un valor monetario para el bien, producto o servicio ofrecido, notoriamente superior al normalmente disponible en el mercado.

(REFORMADO, D.O.F. 4 DE FEBRERO DE 2004)

Artículo 50.- Si el autor de la promoción u oferta no cumple su ofrecimiento, el consumidor podrá optar por exigir el cumplimiento, aceptar otro bien o servicio equivalente o la rescisión del contrato y, en todo caso, tendrá derecho al pago de la diferencia económica entre el precio al que se ofrezca el bien o servicio objeto de la promoción u oferta y su precio normal, sin perjuicio de la bonificación o compensación a que se refiere el artículo 92 TER de esta ley.

(REFORMADA SU DENOMINACIÓN, D.O.F. 11 DE ENERO DE 2018)

CAPÍTULO V
DE LAS VENTAS A DOMICILIO O FUERA DEL ESTABLECIMIENTO MERCANTIL, MEDIATAS O INDIRECTAS

(REFORMADO, D.O.F. 11 DE ENERO DE 2018)

Artículo 51.- Por venta a domicilio o fuera del establecimiento mercantil, mediata o indirecta, se entiende la que se proponga o lleve a cabo fuera del local o establecimiento del proveedor, incluidos el arrendamiento de bienes muebles y la prestación de servicios. Lo dispuesto en este capítulo no es aplicable a la compraventa de bienes perecederos recibidos por el consumidor y pagados de contado.

Artículo 52.- Las ventas a que se refiere este capítulo deberán constar por escrito que deberá contener:

I. El nombre y dirección del proveedor e identificación de la operación y de los bienes y servicios de que se trate; y

II. Garantías y requisitos señalados por esta ley.

El proveedor está obligado a entregar al consumidor una copia del documento respectivo.

Artículo 53.- Los proveedores que realicen las ventas a que se refiere este capítulo por medios en los cuales sea imposible la entrega del documento al celebrarse la transacción, tales como teléfono, televisión, servicios de correo o mensajería u otros en que no exista trato directo con el comprador, deberán:

I. Cerciorarse de que la entrega del bien o servicio efectivamente se hace en el domicilio del consumidor o que el consumidor está plenamente identificado;

II. Permitir al consumidor hacer reclamaciones y devoluciones por medios similares a los utilizados para la venta;

III. Cubrir los costos de transporte y envío de mercancía en caso de haber devoluciones o reparaciones amparadas por la garantía, salvo pacto en contrario; y

IV. Informar previamente al consumidor el precio, fecha aproximada de entrega, costos de seguro y flete y, en su caso, la marca del bien o servicio.

Artículo 54.- Cuando el cobro o cargo por un bien o servicio se haga en forma automática al recibo telefónico, o a una cuenta de tarjeta de crédito o a otro recibo o cuenta que le lleven al consumidor, el proveedor y el agente cobrador deberán advertir esto al consumidor en forma clara, ya sea en la publicidad, en el canal de venta o en el recibo. Lo mismo se aplica a aquellos casos en que la compra involucre el pago de una llamada de larga distancia o gastos de entrega pagaderos por el consumidor.

Artículo 55.- Los proveedores deberán mantener registros e informar al consumidor todo lo necesario para que pueda identificar individualmente la transacción y cerciorarse de la identidad del consumidor.

(REFORMADO, D.O.F. 11 DE ENERO DE 2018)

Artículo 56.- El contrato se perfeccionará a los cinco días hábiles contados a partir de la entrega del bien o de la firma del contrato, lo último que suceda. Durante ese lapso, el consumidor tendrá el derecho de revocar su consentimiento sin responsabilidad alguna. La revocación deberá hacerse mediante aviso o mediante entrega del bien en forma personal, por correo registrado o certificado tomando como fecha de revocación la de recepción para su envío, o por otro medio fehaciente. La revocación hecha conforme a este artículo deja sin efecto la operación, debiendo el proveedor reintegrar al consumidor el precio pagado. En este caso, los costos de flete y seguro correrán a cargo del consumidor. Tratándose de servicios, lo anterior no será aplicable si la fecha de prestación del servicio se encuentra a diez días hábiles o menos de la fecha de la orden de compra.

CAPÍTULO VI
DE LOS SERVICIOS

Artículo 57.- En todo establecimiento de prestación de servicios, deberá exhibirse a la vista del público la tarifa de los principales servicios ofrecidos, con caracteres claramente legibles. Las tarifas de los demás, en todo caso, deberán estar disponibles al público.

(ADICIONADO PRIMER PÁRRAFO, D.O.F. 4 DE FEBRERO DE 2004)

Artículo 58.- El proveedor de bienes, productos o servicios no podrá negarlos o condicionarlos al consumidor por razones de género, nacionalidad, étnicas, preferencia sexual, religiosas o cualquiera otra particularidad.

(REFORMADO, D.O.F. 4 DE FEBRERO DE 2004)

Los proveedores de bienes y servicios que ofrezcan éstos al público en general, no podrán establecer preferencias o discriminación alguna respecto a los solicitantes del servicio, tales como selección de clientela, condicionamiento del consumo, reserva del derecho de admisión, exclusión a personas con discapacidad y otras prácticas similares, salvo por causas que afecten la seguridad o tranquilidad del establecimiento, de sus clientes o de las personas discapacitadas, o se funden en disposiciones expresas de otros ordenamientos legales. Dichos proveedores en ningún caso podrán aplicar o cobrar tarifas superiores a las autorizadas o registradas para la clientela en general, ni ofrecer o aplicar descuentos en forma parcial o discriminatoria. Tampoco podrán aplicar o cobrar cuotas extraordinarias o compensatorias a las personas con discapacidad por sus implementos médicos, ortopédicos, tecnológicos, educativos o deportivos necesarios para su uso personal, incluyéndose el perro guía en el caso de invidentes.

(REFORMADO, D.O.F. 5 DE AGOSTO DE 1994)

Los proveedores están obligados a dar las facilidades o contar con los dispositivos indispensables para que las personas con discapacidad puedan utilizar los bienes o servicios que ofrecen. Dichas facilidades y dispositivos no pueden ser inferiores a los que determinen las disposiciones legales o normas oficiales aplicables, ni tampoco podrá el proveedor establecer condiciones o limitaciones que reduzcan los derechos que legalmente correspondan al discapacitado como consumidor.

Artículo 59.- Antes de la prestación de un servicio, el proveedor deberá presentar presupuesto por escrito. En caso de reparaciones, el presupuesto deberá describir las características del servicio, el costo de refacciones y mano de obra, así como su vigencia, independientemente de que se estipulen mecanismos de variación de rubros específicos por estar sus cotizaciones fuera del control del proveedor.

(REFORMADO, D.O.F. 4 DE FEBRERO DE 2004)

Artículo 60.- Las personas dedicadas a la reparación de toda clase de productos deberán emplear partes y refacciones nuevas y apropiadas para el producto de que se trate, salvo que el solicitante del servicio autorice expresamente que se utilicen otras. Cuando las refacciones o partes estén sujetas a normas de cumplimiento obligatorio, el uso de refacciones o partes que no cumplan con los requisitos da al consumidor el derecho a exigir los gastos necesarios que pruebe haber efectuado y, en su caso, a la bonificación a que se refiere el artículo 92 TER de esta ley.

(REFORMADO, D.O.F. 4 DE FEBRERO DE 2004)

Artículo 61.- Los prestadores de servicios de mantenimiento o reparación deberán bonificar al consumidor en términos del artículo 92 TER si por deficiencia del servicio el bien se pierde o sufre tal deterioro que resulte total o parcialmente inapropiado para el uso a que esté destinado.

Artículo 62.- Los prestadores de servicios tendrán obligación de expedir factura o comprobante de los trabajos efectuados, en los que deberán especificarse las partes, refacciones y materiales empleados; el precio de ellos y de la mano de obra; la garantía que en su caso se haya otorgado y los demás requisitos señalados en esta ley.

(REFORMADO, D.O.F. 4 DE FEBRERO DE 2004)

Artículo 63.- Los sistemas de comercialización consistentes en la integración de grupos de consumidores que aportan periódicamente sumas de dinero para ser administradas por un tercero, únicamente podrán operar para efectos de adquisición de bienes determinados o determinables, sean muebles nuevos o inmuebles destinados a la habitación o a su uso como locales comerciales, en los términos que señale el reglamento respectivo, y sólo podrán ponerse en práctica previa autorización de la Secretaría.

La Secretaría podrá autorizar, en su caso, que estos sistemas de comercialización tengan por objeto los servicios de construcción, remodelación y ampliación de inmuebles, cuando se demuestre que las condiciones del mercado así lo ameriten y que se garanticen los derechos e intereses de los consumidores. Tratándose de esta autorización, no operará la afirmativa ficta.

El plazo de operación de los sistemas de comercialización no podrá ser mayor a cinco años para bienes muebles y de quince años para bienes inmuebles.

La Secretaría otorgará la autorización para la operación de los referidos sistemas de comercialización, que en todos los casos será intransmisible, cuando se cumplan con los siguientes requisitos:

I. Que el solicitante sea una persona moral mexicana constituida como sociedad anónima de conformidad con la legislación aplicable, y que tenga por objeto social únicamente la operación y administración de sistemas de comercialización a que se refiere el presente artículo; así como las actividades necesarias para su adecuado desempeño;

II. Que el solicitante acredite su capacidad administrativa, además de la viabilidad económica, financiera y operativa del sistema, en términos de los criterios que fije la Secretaría;

III. Que el o los contratos de adhesión que pretenda utilizar el solicitante contengan disposiciones que salvaguarden los derechos de los consumidores, en los términos de esta ley y del reglamento correspondiente;

IV. Que el solicitante presente a la Secretaría un plan general de funcionamiento del sistema y un proyecto de manual que detalle los procedimientos de operación del sistema, a efecto de que dicha dependencia cuente con los elementos suficientes para otorgar, en su caso, la autorización;

V. Que el solicitante presente mecanismos para el cumplimiento de sus obligaciones como administrador del sistema respecto de la operación de cada grupo, en los términos que prevea el reglamento, y

VI. Los demás que determine el reglamento.

Una vez que el solicitante obtenga la autorización a que se refiere este precepto, y antes de comenzar a operar el o los sistemas de comercialización de que se trate, deberá solicitar el registro del o los contratos de adhesión correspondientes ante la Procuraduría Federal del Consumidor.

El reglamento detallará y precisará aspectos tales como características de los bienes y servicios que puedan ser objeto de los referidos sistemas de comercialización; el contenido mínimo de contratos de adhesión; características, constitución y, en su caso, autorización y liquidación de grupos de consumidores; plazos de operación de los sistemas; determinación de aportaciones y tipos de cuotas y cuentas; adjudicaciones y asignaciones; gastos de administración, costos, penas convencionales, devoluciones e intereses que deben cubrir los consumidores; manejo de los recursos por parte de los mencionados proveedores; rescisión y cancelación de contratos; constitución de garantías, seguros y cobranza; revisión o supervisión de la operación de los mencionados sistemas por parte de terceros especialistas o auditores externos; características de la información que los proveedores deban proporcionar al consumidor, a las autoridades competentes y a los auditores externos; y criterios sobre la publicidad dirigida a los consumidores.

(ADICIONADO, D.O.F. 4 DE FEBRERO DE 2004)

Artículo 63 Bis.- En la operación de los sistemas de comercialización a que se refiere el artículo anterior, queda prohibida la comercialización de bienes que no estén determinados o no sean determinables; la constitución de grupos cuyos contratos de adhesión no venzan en la misma fecha; considerando como fecha de vencimiento a la de liquidación del grupo de que se trate; la constitución de grupos en los que se comercialicen bienes distintos o destinados a un uso diferente; la transferencia de recursos o financiamiento de cualquier tipo, ya sea de un grupo de consumidores a otro, o a terceros; la fusión de grupos de consumidores y la reubicación de consumidores de un grupo a otro; así como cualquier otro acto que contravenga lo dispuesto en esta ley y el reglamento respectivo, o que pretenda eludir su cumplimiento.

Cualquier cantidad que deba ser cubierta por los consumidores, deberá estar plenamente identificada y relacionada con el concepto que le haya dado origen, debiendo destinarse exclusivamente al pago de los conceptos que correspondan, conforme a lo dispuesto en el propio reglamento.

No podrán participar en la administración, dirección y control de sociedades que administren los sistemas de comercialización:

I. Las personas que tengan litigio civil o mercantil en contra del proveedor de que se trate;

II. Las personas condenadas mediante sentencia ejecutoriada por delito intencional que merezca pena corporal, o que estén inhabilitadas para desempeñar empleo, cargo o comisión en el sistema financiero;

III. Los quebrados y concursados que no hubieren sido rehabilitados, y

IV. Los terceros especialistas o auditores externos y las personas que realicen funciones de dictaminación, de inspección o vigilancia de los proveedores.

(ADICIONADO, D.O.F. 4 DE FEBRERO DE 2004)

Artículo 63 Ter.- Las sociedades que administren los sistemas de comercialización a que se refiere el artículo 63, tendrán el carácter de proveedores en términos de lo dispuesto por el artículo 2 de esta ley. El proveedor será responsable de que el consumidor reciba el bien contratado en el plazo y conforme a las condiciones establecidas en el contrato de adhesión respectivo, debiendo responder del incumplimiento de cualquier cláusula contractual. El proveedor no podrá cobrar al consumidor penalización alguna si éste se retira del grupo por cualquier incumplimiento imputable a aquél.

La Procuraduría podrá determinar que uno o varios proveedores suspendan de manera temporal la celebración de nuevos contratos con los consumidores, cuando el o los proveedores hubieren incurrido de manera grave o reiterada en violaciones a las disposiciones que correspondan, sin perjuicio de las sanciones que resulten aplicables. No obstante lo anterior, durante el tiempo en que subsista la suspensión mencionada, el o los proveedores deberán continuar operando los sistemas de comercialización cumpliendo las obligaciones asumidas con los consumidores, de conformidad con las disposiciones respectivas.

(ADICIONADO, D.O.F. 4 DE FEBRERO DE 2004)

Artículo 63 Quater.- Serán causas de revocación de la autorización otorgada al proveedor, las siguientes:

I. No iniciar operaciones dentro del plazo de seis meses a partir del otorgamiento de la autorización correspondiente, o la suspensión de operaciones sin causa justificada por un periodo superior a seis meses;

II. La realización de actividades contrarias a la ley, al reglamento y a las demás disposiciones aplicables, así como la no observancia de las condiciones conforme a las cuales se haya otorgado la autorización;

III. La omisión de la presentación de información que le requieran la Secretaría, la Procuraduría o los auditores que correspondan, o que la que presenten sea falsa, imprecisa o incompleta;

IV. El indebido o inoportuno registro contable de las operaciones que haya efectuado el proveedor respecto de cada uno de los grupos constituidos, o por incumplimiento de sus obligaciones fiscales;

V. La pérdida de la capacidad administrativa del proveedor para cumplir con sus obligaciones, así como por la pérdida de la viabilidad económica, financiera y operativa del sistema, y

VI. Por cambio de objeto social, liquidación, concurso mercantil o disolución del proveedor.

Cuando la Procuraduría detecte que el proveedor ha incurrido en alguna de las causas de revocación previstas en este artículo, lo hará del conocimiento de la Secretaría.

Para los efectos de lo dispuesto por este precepto, la Secretaría notificará al proveedor la causal de revocación en la que éste hubiere incurrido, a fin de que éste manifieste lo que a su derecho convenga, en un plazo de cinco días hábiles. En caso de que la resolución definitiva que se emita determine la revocación de la autorización, el proveedor pondrá a la sociedad correspondiente en estado de disolución y liquidación sin necesidad de acuerdo de la asamblea de accionistas.

Salvo por lo previsto en el presente ordenamiento, la disolución y liquidación de la sociedad deberán realizarse de conformidad con lo dispuesto en la Ley General de Sociedades Mercantiles.

En el caso de decretarse la revocación a que se refiere este artículo, el proveedor deberá establecer los mecanismos y procedimientos que le permitan llevar a cabo la liquidación de los grupos existentes, así como cumplir con las obligaciones contraídas con los consumidores.

(ADICIONADO, D.O.F. 4 DE FEBRERO DE 2004)

Artículo 63 Quintus.- La Secretaría y la Procuraduría, en el ámbito de sus competencias, verificarán el cumplimiento de esta ley, del reglamento y de las demás disposiciones aplicables. Asimismo, supervisarán la operación de los sistemas de comercialización a que se refiere este precepto, pudiendo requerir para ello información y documentación a los proveedores, así como establecer las medidas preventivas y correctivas que correspondan. De igual manera, supervisarán el proceso de liquidación de grupos a que se refiere el artículo anterior, salvaguardando, en el ámbito de su competencia, los intereses de los consumidores.

Los proveedores estarán obligados a contratar terceros especialistas o auditores externos para efecto de revisar el funcionamiento de los sistemas respectivos. Dichos especialistas o auditores externos deberán contar con la autorización de la Secretaría en los términos que señale el reglamento y su actividad estará sujeta a las reglas que este último contenga. Los especialistas o auditores externos deberán entregar a la Secretaría y a la Procuraduría la información que éstas les requieran.

La Procuraduría podrá sancionar a los especialistas o auditores externos que no cumplan con las obligaciones que les fije el reglamento, conforme a lo dispuesto en el artículo 128 de esta ley, sin perjuicio de las demás acciones legales que correspondan. Asimismo, la Procuraduría podrá solicitar a la Secretaría la revocación de la autorización que ésta les hubiere otorgado.

Artículo 64.- La prestación del servicio de tiempo compartido, independientemente del nombre o de la forma que se dé al acto jurídico correspondiente, consiste en poner a disposición de una persona o grupo de personas, el uso, goce y demás derechos que se convengan sobre un bien o parte del mismo, en una unidad variable dentro de una clase determinada, por períodos previamente convenidos, mediante el pago de alguna cantidad, sin que, en el caso de inmuebles, se transmita el dominio de éstos.

(REFORMADO PRIMER PÁRRAFO, D.O.F. 4 DE FEBRERO DE 2004)

Artículo 65.- La venta o preventa de un servicio de tiempo compartido sólo podrá iniciarse cuando el contrato respectivo esté registrado en la Procuraduría y cuando especifique:

(REFORMADA, D.O.F. 11 DE ENERO DE 2018)

I. Nombre y domicilio del proveedor o, en su caso, del prestador intermediario;

(REFORMADA, D.O.F. 27 DE ENERO DE 2012)

II. Lugar e inmueble donde se prestará el servicio, exhibiendo copia certificada de la afectación del inmueble o parte del mismo ante notario público mediante el acto jurídico de una declaración unilateral de la voluntad o fideicomiso en el que se destine el inmueble al servicio de tiempo compartido por el número de años que se está ofreciendo el servicio, debiendo obtener el registro definitivo en el Registro Público de la Propiedad, para con ello registrarse en la Procuraduría Federal del Consumidor; dejando a salvo los derechos de propiedad del proveedor una vez concluida la afectación;

III. Determinación clara de los derechos de uso y goce de bienes que tendrán los compradores, incluyendo períodos de uso y goce;

IV. El costo de los gastos de mantenimiento para el primer año y la manera en que se determinarán los cambios en este costo en períodos subsecuentes;

(REFORMADA, D.O.F. 27 DE ENERO DE 2012)

V. Las opciones de intercambio con otros prestadores del servicio y si existen costos adicionales para realizar tales intercambios;

(REFORMADA, D.O.F. 27 DE ENERO DE 2012)

VI. Descripción de las fianzas y garantías que se otorgarán en favor del consumidor, y

(ADICIONADA, D.O.F. 27 DE ENERO DE 2012)

VII. En lo relativo a los servicios de tiempo compartido a prestarse en el extranjero éstos podrán ser comercializados en la República Mexicana únicamente cuando las personas físicas o morales que ofrezcan y/o presten y/o comercialicen los servicios sean sujetos de comercio, en México, de conformidad con las leyes aplicables, y que se hayan constituido en lo general, así como en lo especial en materia de tiempo compartido o club vacacional, de conformidad con las leyes de su país de origen; en caso de ser omisas, las personas referidas en el párrafo anterior deberán acreditar fehacientemente que su representada es el dueño del inmueble y su autorización a ser destinado a la comercialización de tiempo compartido.

(ADICIONADO, D.O.F. 11 DE ENERO DE 2018)

La Procuraduría deberá publicar de forma permanente en su sitio de Internet la lista de los proveedores o prestadores intermediarios que hayan inscrito en el registro su contrato de adhesión.

(REFORMADO [N. DE E. ESTE PÁRRAFO], D.O.F. 11 DE ENERO DE 2018)

Artículo 65 Bis.- Para efectos de lo dispuesto en la presente ley, serán casas de empeño los proveedores personas físicas o morales no reguladas por leyes y autoridades financieras que en forma habitual o profesional realicen u oferten al público contrataciones u operaciones de mutuo con interés y garantía prendaria.

(REFORMADO, D.O.F. 16 DE ENERO DE 2013)

Las personas a que se refiere el párrafo anterior no podrán prestar servicios ni realizar operaciones de las reservadas y reguladas por las leyes vigentes a las instituciones del sistema financiero nacional.

(REFORMADO, D.O.F. 16 DE ENERO DE 2013)

La Procuraduría establecerá un registro público en el que se deberán inscribir las casas de empeño y los formatos de los contratos de adhesión que celebren con sus clientes.

(REFORMADO, D.O.F. 16 DE ENERO DE 2013)

Para organizarse y operar se requiere la inscripción en el Registro de Casas de Empeño, que compete otorgar a la Procuraduría. Por su naturaleza, los derechos derivados de la inscripción son intransmisibles.

(REFORMADO, D.O.F. 16 DE ENERO DE 2013)

La operación de una casa de empeño sin la inscripción en el Registro de Casas de Empeño se considerará como infracción particularmente grave y se sancionará conforme a lo dispuesto en el artículo 128 Bis.

(ADICIONADO, D.O.F. 16 DE ENERO DE 2013)

Artículo 65 Bis 1.- Para obtener de la Procuraduría el registro para operar como casa de empeño se requiere, además de la documentación e información que la Procuraduría establezca mediante disposiciones de carácter general, los siguientes requisitos:

I. Presentar solicitud por escrito dirigida a la Procuraduría con los siguientes datos:

a) Nombre, denominación o razón social de la casa de empeño y, en su caso, del representante legal;

b) Registro Federal de Contribuyentes;

c) Domicilio del establecimiento matriz o de las oficinas en las que se asiente la administración de la casa de empeño;

d) En su caso, domicilio de las sucursales en las que se prestará el servicio de casa de empeño;

e) Domicilio para oír y recibir notificaciones;

f) Fecha y lugar de la solicitud;

II. Presentar documento con el que se acredite la personalidad jurídica del promovente. Tratándose de personas morales, se deberán presentar los documentos con los que se acredite su constitución y la personalidad jurídica de su representante; y

III. Acompañar copia del formato de contrato de adhesión que se utilizará para las operaciones de mutuo con interés y garantía prendaria, el cual deberá cumplir, además de los requisitos que establece la presente ley, los que en su caso se encuentren establecidos por alguna norma oficial mexicana.

No podrán ser socios, accionistas, administradores, directivos o representantes de las casas de empeño quienes hayan sido condenados por delitos patrimoniales, financieros o de delincuencia organizada. La violación a esta disposición se considerará como infracción particularmente grave y se sancionará conforme a lo dispuesto en el artículo 128 Bis y con la cancelación definitiva del registro.

La Procuraduría expedirá el resto de las disposiciones de carácter general que sean necesarias para la operación del registro, procurando su agilidad y economía, y considerará también las causales de suspensión y cancelación del mismo.

(ADICIONADO, D.O.F. 16 DE ENERO DE 2013)

Artículo 65 Bis 2.- Una vez cumplidos los requisitos establecidos en el artículo anterior, la Procuraduría inscribirá al solicitante en el registro público y emitirá la constancia que ampare dicho registro indicando un número único de identificación.

La Procuraduría, dentro del plazo de noventa días naturales contados a partir de la recepción de la solicitud, deberá resolver sobre la inscripción en el registro y emitir la constancia correspondiente. Transcurrido dicho plazo, se entenderá que la resolución es en sentido negativo al solicitante.

La Procuraduría deberá publicar cada año en el Diario Oficial de la Federación y de forma permanente en su sitio de Internet la lista de los proveedores inscritos en el registro.

(ADICIONADO, D.O.F. 16 DE ENERO DE 2013)

Artículo 65 Bis 3.- Las casas de empeño deberán informar a la Procuraduría de cualquier cambio o modificación en la información solicitada en el artículo 65 Bis 1 de la presente ley mediante la presentación de un aviso dentro de los treinta días naturales siguientes a la fecha en que se realizó el cambio.

(ADICIONADO, D.O.F. 16 DE ENERO DE 2013)

Artículo 65 Bis 4.- Las casas de empeño deberán transparentar sus operaciones, por lo que deberán colocar en su publicidad o en todos sus establecimientos abiertos al público, de manera permanente y visible, una pizarra de anuncios o medio electrónico informativo, que tendrá como propósito brindar información a los consumidores sobre los términos y condiciones de dichos contratos.

Además, deberán informar el costo diario totalizado, así como el costo mensual totalizado, que se deberán expresar en tasas de interés porcentual sobre el monto prestado, los cuales, para fines informativos y de comparación, incorporaran la totalidad de los costos y gastos inherentes al contrato de mutuo durante ese periodo.

La información a la que se refiere el presente artículo deberá resaltarse en caracteres distintivos de manera clara, notoria e indubitable y permitir su fácil comprensión y comparación por parte de los consumidores.

(ADICIONADO, D.O.F. 16 DE ENERO DE 2013)

Artículo 65 Bis 5.- Las casas de empeño deberán cumplir con los requisitos que fije la norma oficial mexicana que se expida al efecto por la Secretaría, misma que determinará, entre otros, los elementos de información que se incluirán en el contrato de adhesión que se utilizará para formalizar las operaciones; las características de la información que se proporcionará al consumidor, y la metodología para determinar la información relativa a la totalidad de los costos asociados a la operación a que se refiere el artículo 65 Bis 4 de la presente ley.

(ADICIONADO, D.O.F. 16 DE ENERO DE 2013)

Artículo 65 Bis 6.- Las casas de empeño deberán establecer procedimientos que le garanticen al pignorante la restitución de la prenda. En caso de que el bien sobre el que se constituyó la prenda haya sido robado, extraviado o sufra algún daño o deterioro, el pignorante podrá optar por la entrega del valor del bien conforme al avalúo o la entrega de un bien del mismo tipo, valor y calidad.

Tratándose de metales preciosos, el valor de reposición del bien no podrá ser inferior al valor real que tenga el metal en el mercado al momento de la reposición.

La infracción a este artículo se considerará particularmente grave y se sancionará conforme a lo dispuesto en el artículo 128 Bis de esta ley.

(ADICIONADO, D.O.F. 16 DE ENERO DE 2013)

Artículo 65 Bis 7.- La Procuraduría podrá celebrar convenios de colaboración o concertación con las asociaciones, cámaras, confederaciones u organismos de representación de las casas de empeño, con el objeto de coadyuvar en el cumplimiento de las disposiciones contenidas en la presente ley y las normas oficiales mexicanas aplicables.

Las Casas de Empeño deberán hacer del conocimiento de la procuraduría estatal que corresponda, mediante un reporte mensual, los siguientes actos o hechos que estén relacionados con las operaciones que realizan, de acuerdo con lo que se establece a continuación:

I. Los casos en que un cliente haya empeñado tres o más artículos iguales o de naturaleza similar en una o más sucursales o unidades de negocio de una misma casa de empeño.

II. Cuando racionalmente se pueda estimar que existe un comportamiento atípico del pignorante que permite suponer que los bienes prendarios son objetos provenientes de hechos ilícitos.

Para efectos de los supuestos contemplados en este artículo, las casas de empeño deberán proporcionar a la procuraduría estatal que corresponda los siguientes datos del cliente involucrado:

I. Nombre;

II. Domicilio;

III. Copia de la identificación oficial contra la cual se cotejo la firma del contrato respectivo; y

IV. Tipo de bien o bienes empeñados y el importe de los montos empeñados.

En los casos en que se presuma la comisión de un delito, a solicitud del Ministerio Público las prendas empeñadas podrán quedar en calidad de depósito en la casa de empeño sin que se pueda disponer de ellas de forma alguna, hasta en tanto no se concluya la averiguación previa. Si concluida ésta el Ministerio Público determina que existen elementos para ejercer la acción penal, la custodia de las prendas quedará sujeta a lo que en su oportunidad dicte la autoridad competente. En caso de determinar que no existen elementos para ejercer la acción penal, el Ministerio Público competente notificará a la casa de empeño para liberar el mencionado depósito.

(ADICIONADO, D.O.F. 26 DE JUNIO DE 2017)

Artículo 65 Ter.- Sin perjuicio de los derechos de los pasajeros establecidos en la Ley de Aviación Civil y en el contrato de transporte de pasajeros a que se refiere dicha ley, los permisionarios o concesionarios en su calidad de proveedores, deberán publicar a través de medios electrónicos o físicos, en el área de abordaje y en los módulos de atención al pasajero las causas o razones por las que los vuelos se vean demorados y poner a disposición de los consumidores toda la información relativa para la presentación de quejas o denuncias, en cada una de las terminales en donde operen, de conformidad con los lineamientos que establezca la Procuraduría.

(ADICIONADO, D.O.F. 26 DE JUNIO DE 2017)

Artículo 65 Ter 1.- Las disposiciones relativas a derechos de los pasajeros contenidas en la Ley de Aviación Civil, son de obligatorio cumplimiento por parte de los concesionarios o permisionarios, así como de su personal y de las agencias de viaje a cargo de las ventas de pasajes, reservas y chequeo en mostradores.

Los permisionarios y concesionarios, en su calidad de proveedores, deberán informar a los consumidores, al momento de la compra del boleto y en los módulos de atención al pasajero, acerca de los términos y condiciones del servicio contratado, las políticas de compensación, así como el listado de los derechos de los pasajeros contenidos en la Ley de Aviación Civil, debiendo tener dicho listado en los puntos de atención, en los mostradores, en las centrales de reserva; así como también, a bordo de las aeronaves un ejemplar en el bolsillo de cada una de las sillas de pasajeros, o en su defecto incluir información suficiente sobre sus derechos en medios impresos con que cuenten abordo.

De la misma manera, el concesionario o permisionario deberá publicar los derechos de los pasajeros de forma constante en la página de Internet del concesionario o permisionario, y la agencia de viajes, a través de un vínculo, enlace o ventana especial principal.

CAPÍTULO VII
DE LAS OPERACIONES A CRÉDITO

Artículo 66.- En toda operación a crédito al consumidor, se deberá:

I. Informar al consumidor previamente sobre el precio de contado del bien o servicio de que se trate, el monto y detalle de cualquier cargo si lo hubiera, el número de pagos a realizar, su periodicidad, el derecho que tiene a liquidar anticipadamente el crédito con la consiguiente reducción de intereses, en cuyo caso no se le podrán hacer más cargos que los de renegociación del crédito, si la hubiere. Los intereses, incluidos los moratorios, se calcularán conforme a una tasa de interés fija o variable;

II. En caso de existir descuentos, bonificaciones o cualquier otro motivo por el cual sean diferentes los pagos a crédito y de contado, dicha diferencia deberá señalarse al consumidor. De utilizarse una tasa fija, también se informará al consumidor el monto de los intereses a pagar en cada período. De utilizarse una tasa variable, se informará al consumidor sobre la regla de ajuste de la tasa, la cual no podrá depender de decisiones unilaterales del proveedor sino de las variaciones que registre una tasa de interés representativa del costo del crédito al consumidor, la cual deberá ser fácilmente verificable por el consumidor;

(REFORMADA, D.O.F. 4 DE FEBRERO DE 2004)

III. Informar al consumidor el monto total a pagar por el bien, producto o servicio de que se trate, que incluya, en su caso, número y monto de pagos individuales, los intereses, comisiones y cargos correspondientes, incluidos los fijados por pagos anticipados o por cancelación; proporcionándole debidamente desglosados los conceptos correspondientes;

(REFORMADA, D.O.F. 11 DE ENERO DE 2018)

IV. Respetarse el precio que se haya pactado originalmente en operaciones a plazo o con reserva de dominio, salvo lo dispuesto en otras leyes o convenio en contrario;

(REFORMADA, D.O.F. 11 DE ENERO DE 2018)

V. En caso de haberse efectuado la operación, el proveedor deberá enviar al consumidor al menos un estado de cuenta bimestral, por el medio que éste elija, que contenga la información relativa a cargos, pagos, intereses y comisiones, entre otros rubros, y

(ADICIONADA, D.O.F. 11 DE ENERO DE 2018)

VI. Observar las disposiciones de carácter general en materia de despachos de cobranza, emitidos por la Procuraduría en términos de lo dispuesto por el artículo 17 Bis 4 de la Ley para la Transparencia y Ordenamiento de los Servicios Financieros.

(ADICIONADO, D.O.F. 11 DE ENERO DE 2018)

El incumplimiento a este precepto se sancionará conforme a lo dispuesto en el artículo 128, con excepción de la fracción VI que se sancionará conforme al artículo 128 Ter.

Artículo 67.- En los contratos de compraventa a plazo o de prestación de servicios con pago diferido, se calcularán los intereses sobre el precio de contado menos el enganche que se hubiera pagado.

Artículo 68.- Unicamente se podrán capitalizar intereses cuando exista acuerdo previo de las partes, en cuyo caso el proveedor deberá proporcionar al consumidor estado de cuenta mensual. Es improcedente el cobro que contravenga lo dispuesto en este artículo.

Artículo 69.- Los intereses se causarán exclusivamente sobre los saldos insolutos del crédito concedido y su pago no podrá ser exigido por adelantado, sino únicamente por períodos vencidos.

Artículo 70.- En los casos de compraventa a plazos de bienes muebles o inmuebles a que se refiere esta ley, si se rescinde el contrato, vendedor y comprador deben restituirse mutuamente las prestaciones que se hubieren hecho. El vendedor que hubiera entregado la cosa tendrá derecho a exigir por el uso de ella el pago de un alquiler o renta y, en su caso, una compensación por el demérito que haya sufrido el bien.

El comprador que haya pagado parte del precio tiene derecho a recibir los intereses computados conforme a la tasa que, en su caso, se haya aplicado a su pago.

Artículo 71.- En los casos de operaciones en que el precio deba cubrirse en exhibiciones periódicas, cuando se haya pagado más de la tercera parte del precio o del número total de los pagos convenidos y el proveedor exija la rescisión o cumplimiento del contrato por mora, el consumidor tendrá derecho a optar por la rescisión en los términos del artículo anterior o por el pago del adeudo vencido más las prestaciones que legalmente procedan. Los pagos que realice el consumidor, aún en forma extemporánea y que sean aceptados por el proveedor, liberan a aquél de las obligaciones inherentes a dichos pagos.

Artículo 72.- Cualquier cargo que se prevea hacer por motivo de la expedición de un crédito al consumidor, deberá especificarse previamente a la firma del contrato o consumación de la venta, renta u operación correspondiente, desglosándose la diferencia y conservando el consumidor el derecho a realizar la operación de contado de no convenir a sus intereses los términos del crédito.

CAPÍTULO VIII
DE LAS OPERACIONES CON INMUEBLES

(REFORMADO, D.O.F. 4 DE FEBRERO DE 2004)

Artículo 73.- Los actos relacionados con inmuebles sólo estarán sujetos a esta ley, cuando los proveedores sean fraccionadores, constructores, promotores y demás personas que intervengan en la asesoría y venta al público de viviendas destinadas a casa habitación o cuando otorguen al consumidor el derecho de usar inmuebles mediante el sistema de tiempo compartido, en los términos de los artículos 64 y 65 de la presente ley.

Los contratos relacionados con las actividades a que se refiere el párrafo anterior, deberán registrarse ante la Procuraduría.

(ADICIONADO, D.O.F. 4 DE FEBRERO DE 2004)

Artículo 73 Bis.- Tratándose de los actos relacionados con inmuebles a que se refiere el artículo anterior, el proveedor deberá poner a disposición del consumidor al menos lo siguiente:

I. En caso de preventa, el proveedor deberá exhibir el proyecto ejecutivo de construcción completo, así como la maqueta respectiva y, en su caso, el inmueble muestra;

II. Los documentos que acrediten la propiedad del inmueble. Asimismo, deberá informar sobre la existencia de gravámenes que afecten la propiedad del mismo, los cuales deberán quedar cancelados al momento de la firma de la escritura correspondiente;

III. La personalidad del vendedor y la autorización del proveedor para promover la venta;

IV. Información sobre las condiciones en que se encuentre el pago de contribuciones y servicios públicos;

V. Para el caso de inmuebles nuevos o preventas, las autorizaciones, licencias o permisos expedidos por las autoridades correspondientes para la construcción, relativas a las especificaciones técnicas, seguridad, uso de suelo, la clase de materiales utilizados en la construcción; servicios básicos con que cuenta, así como todos aquellos con los que debe contar de conformidad con la legislación aplicable. En el caso de inmuebles usados que no cuenten con dicha documentación, se deberá indicar expresamente en el contrato la carencia de éstos;

VI. Los planos estructurales, arquitectónicos y de instalaciones o, en su defecto, un dictamen de las condiciones estructurales del inmueble. En su caso, señalar expresamente las causas por las que no cuenta con ellos así como el plazo en el que tendrá dicha documentación;

VII. Información sobre las características del inmueble, como son la extensión del terreno, superficie construida, tipo de estructura, instalaciones, acabados, accesorios, lugar o lugares de estacionamiento, áreas de uso común con otros inmuebles, porcentaje de indiviso en su caso, servicios con que cuenta y estado físico general del inmueble;

VIII. Información sobre los beneficios que en forma adicional ofrezca el proveedor en caso de concretar la operación, tales como acabados especiales, encortinados, azulejos y cocina integral, entre otros;

IX. Las opciones de pago que puede elegir el consumidor, especificando el monto total a pagar en cada una de las opciones;

X. En caso de operaciones a crédito, el señalamiento del tipo de crédito de que se trata, así como una proyección del monto a pagar que incluya, en su caso, la tasa de interés que se va a utilizar, comisiones y cargos. En el caso de la tasa variable, deberá precisarse la tasa de interés de referencia y la fórmula para el cálculo de dicha tasa.

De ser el caso, los mecanismos para la modificación o renegociación de las opciones de pago, las condiciones bajo las cuales se realizaría y las implicaciones económicas, tanto para el proveedor como para el consumidor;

XI. Las condiciones bajo las cuales se llevará a cabo el proceso de escrituración, así como las erogaciones distintas del precio de la venta que deba realizar el consumidor, tales como gastos de escrituración, impuestos, avalúo, administración, apertura de crédito y gastos de investigación. De ser el caso, los costos por los accesorios o complementos;

XII. Las condiciones bajo las cuales el consumidor puede cancelar la operación, y

XIII. Se deberá indicar al consumidor sobre la existencia y constitución de garantía hipotecaria, fiduciaria o de cualquier otro tipo, así como su instrumentación.

(ADICIONADO, D.O.F. 4 DE FEBRERO DE 2004)

Artículo 73 Ter.- El contrato que se pretenda registrar en los términos del párrafo segundo del artículo 73, deberá cumplir al menos, con los siguientes requisitos:

I. Lugar y fecha de celebración del contrato;

II. Estar escrito en idioma español, sin perjuicio de que puedan ser expresados, además, en otro idioma. En caso de diferencias en el texto o redacción, se estará a lo manifestado en el idioma español;

III. Nombre, denominación o razón social, domicilio y registro federal de contribuyentes del proveedor, de conformidad con los ordenamientos legales sobre la materia;

IV. Nombre, domicilio y, en su caso, registro federal de contribuyentes del consumidor;

V. Precisar las cantidades de dinero en moneda nacional, sin perjuicio de que puedan ser expresadas también en moneda extranjera; en el caso de que las partes no acuerden un tipo de cambio determinado, se estará al tipo de cambio que rija en el lugar y fecha en que se realice el pago, de conformidad con la legislación aplicable;

VI. Descripción del objeto del contrato;

VII. El precio total de la operación, la forma de pago, así como las erogaciones adicionales que deberán cubrir las partes;

VIII. Relación de los derechos y obligaciones, tanto del proveedor como del consumidor;

IX. Las penas convencionales que se apliquen tanto al proveedor como al consumidor por el incumplimiento de las obligaciones contraídas, las cuales deberán ser recíprocas y equivalentes, sin perjuicio de lo dispuesto por los ordenamientos legales aplicables;

X. En su caso, las garantías para el cumplimiento del contrato, así como los gastos reembolsables y forma para su aplicación;

XI. El procedimiento para la cancelación del contrato de adhesión y las implicaciones que se deriven para el proveedor y el consumidor;

(REFORMADA, D.O.F. 29 DE ENERO DE 2009)

XII. Fecha de inicio y término de ejecución de la actividad o servicio contratado, así como la de entrega del bien objeto del contrato; esto último, de conformidad con lo dispuesto por el artículo 74 de esta Ley.

El proveedor únicamente quedará exento de la obligación de entregar en la fecha convenida, cuando acredite plenamente, que la entrega no se realizó en la misma por caso fortuito o fuerza mayor que afecte directamente, a él o al bien, pudiéndose pactar sin responsabilidad alguna, una nueva fecha de entrega;

XIII. En los casos de operaciones de compraventa de inmuebles, el proveedor deberá precisar en el contrato, las características técnicas y de materiales de la estructura, de las instalaciones y acabados.

De igual manera, deberá señalarse que el inmueble cuenta con la infraestructura para el adecuado funcionamiento de sus servicios básicos;

XIV. En el caso de operaciones de compraventa, deberán señalarse los términos bajo los cuales habrá de otorgarse su escrituración. El proveedor en su caso, deberá indicar que el bien inmueble deberá estar libre de gravámenes a la firma de la escritura correspondiente, y

XV. Las demás que se exijan conforme a la presente ley para el caso de los contratos de adhesión.

(REFORMADO PRIMER PÁRRAFO, D.O.F. 18 DE ENERO DE 2012)

Artículo 73 Quater.- Todo bien inmueble cuya transacción esté regulada por esta Ley, deberá ofrecerse al consumidor con la garantía correspondiente, la cual no podrá ser inferior a cinco años para cuestiones estructurales y tres años para impermeabilización; para los demás elementos la garantía mínima será de un año. Todos los plazos serán contados a partir de la entrega real del bien. En el tiempo en que dure la garantía el proveedor tendrá la obligación de realizar, sin costo alguno para el consumidor, cualquier acto tendiente a la reparación de los defectos o fallas presentados por el bien objeto del contrato.

(ADICIONADO, D.O.F. 29 DE ENERO DE 2009)

El tiempo que duren las reparaciones efectuadas al inmueble al amparo de la garantía no es computable dentro del plazo de la misma; una vez que el inmueble haya sido reparado se iniciará la garantía respecto de las reparaciones realizadas, así como con relación a las piezas o bienes que hubieren sido repuestos y continuará respecto al resto del inmueble.

(ADICIONADO, D.O.F. 29 DE ENERO DE 2009)

Artículo 73 Quintus.- En caso de que el consumidor haya hecho valer la garantía establecida en el artículo 73 QUÁTER, y no obstante, persistan los defectos o fallas imputables al proveedor, éste se verá obligado de nueva cuenta a realizar todas las reparaciones necesarias para corregirlas de inmediato, así como a otorgarle, en el caso de defectos o fallas leves, una bonificación del cinco por ciento sobre el valor de la reparación; en caso de defectos o fallas graves, el proveedor deberá realizar una bonificación del veinte por ciento de la cantidad señalada en el contrato como precio del bien.

Para efectos de esta Ley, se entiende por defectos o fallas graves, aquellos que afecten la estructura o las instalaciones del inmueble y comprometan el uso pleno o la seguridad del inmueble, o bien, impidan que el consumidor lo use, goce y disfrute conforme a la naturaleza o destino del mismo. Se entenderá por defectos o fallas leves, todos aquellos que no sean graves.

En caso de que los defectos o fallas graves sean determinados por el proveedor como de imposible reparación, éste podrá optar desde el momento en que se le exija el cumplimiento de la garantía, por sustituir el inmueble, en cuyo caso se estará a lo dispuesto por la fracción I siguiente, sin que haya lugar a la bonificación. En caso de que en cumplimiento de la garantía decida repararlas y no lo haga, quedará sujeto a la bonificación y a lo dispuesto en el párrafo siguiente.

Para el supuesto de que, aún después del ejercicio de la garantía y bonificación antes señaladas, el proveedor no haya corregido los defectos o fallas graves, el consumidor podrá optar por cualquiera de las dos acciones que se señalan a continuación:

I. Solicitar la sustitución del bien inmueble, en cuyo caso el proveedor asumirá todos los gastos relacionados con la misma, o

II. Solicitar la rescisión del contrato, en cuyo caso el proveedor tendrá la obligación de reintegrarle el monto pagado, así como los intereses que correspondan, conforme lo previsto en el segundo párrafo del artículo 91 de esta ley.

Artículo 74.- Los proveedores deberán efectuar la entrega física o real del bien materia de la transacción en el plazo pactado con el consumidor y de acuerdo con las especificaciones previamente establecidas u ofrecidas.

(REFORMADO, D.O.F. 4 DE FEBRERO DE 2004)

Artículo 75.- En los contratos de adhesión relacionados con inmuebles se estipulará la información requerida en el Capítulo VII, fecha de entrega, especificaciones, plazos y demás elementos que individualicen el bien, así como la información requerida en el artículo 73 TER. Los proveedores no podrán recibir pago alguno hasta que conste por escrito la relación contractual, excepto el relativo a gastos de investigación.

Artículo 76.- La Procuraduría podrá promover ante la autoridad judicial, cuando vea amenazado el interés jurídico de los consumidores, el aseguramiento de los bienes a que se refiere este capítulo, en aquellas operaciones que considere de difícil o imposible cumplimiento, mientras subsista la causa de la acción.

(ADICIONADO CON EL ARTÍCULO QUE LO INTEGRA, D.O.F. 29 DE MAYO DE 2000) (REPUBLICADO, G.O. 30 DE MAYO DE 2000)

CAPÍTULO VIII BIS
DE LOS DERECHOS DE LOS CONSUMIDORES EN LAS TRANSACCIONES EFECTUADAS A TRAVÉS DEL USO DE MEDIOS ELECTRÓNICOS, ÓPTICOS O DE CUALQUIER OTRA TECNOLOGÍA

(ADICIONADO, D.O.F. 29 DE MAYO DE 2000) (REPUBLICADO, G.O. 30 DE MAYO DE 2000)

Artículo 76 Bis.- Las disposiciones del presente Capítulo aplican a las relaciones entre proveedores y consumidores en las transacciones efectuadas a través del uso de medios electrónicos, ópticos o de cualquier otra tecnología. En la celebración de dichas transacciones se cumplirá con lo siguiente:

I. El proveedor utilizará la información proporcionada por el consumidor en forma confidencial, por lo que no podrá difundirla o transmitirla a otros proveedores ajenos a la transacción, salvo autorización expresa del propio consumidor o por requerimiento de autoridad competente;

II. El proveedor utilizará alguno de los elementos técnicos disponibles para brindar seguridad y confidencialidad a la información proporcionada por el consumidor e informará a éste, previamente a la celebración de la transacción, de las características generales de dichos elementos;

III. El proveedor deberá proporcionar al consumidor, antes de celebrar la transacción, su domicilio físico, números telefónicos y demás medios a los que pueda acudir el propio consumidor para presentarle sus reclamaciones o solicitarle aclaraciones;

IV. El proveedor evitará las prácticas comerciales engañosas respecto de las características de los productos, por lo que deberá cumplir con las disposiciones relativas a la información y publicidad de los bienes y servicios que ofrezca, señaladas en esta Ley y demás disposiciones que se deriven de ella;

V. El consumidor tendrá derecho a conocer toda la información sobre los términos, condiciones, costos, cargos adicionales, en su caso, formas de pago de los bienes y servicios ofrecidos por el proveedor;

VI. El proveedor respetará la decisión del consumidor en cuanto a la cantidad y calidad de los productos que desea recibir, así como la de no recibir avisos comerciales, y

(REFORMADA, D.O.F. 4 DE FEBRERO DE 2004)

VII. El proveedor deberá abstenerse de utilizar estrategias de venta o publicitarias que no proporcionen al consumidor información clara y suficiente sobre los servicios ofrecidos, en especial tratándose de prácticas de mercadotecnia dirigidas a la población vulnerable, como los niños, ancianos y enfermos, incorporando mecanismos que adviertan cuando la información no sea apta para esa población.

(ADICIONADO, D.O.F. 11 DE ENERO DE 2018)

Artículo 76 Bis 1.- El proveedor que ofrezca, comercialice o venda bienes, productos o servicios utilizando medios electrónicos, ópticos o de cualquier otra tecnología, se guiará por las disposiciones de la Norma Mexicana expedida por la Secretaría de Economía, la cual contendrá, por lo menos, la siguiente información:

I. Las especificaciones, características, condiciones y/o términos aplicables a los bienes, productos o servicios que se ofrecen;

II. Mecanismos para que el consumidor pueda verificar que la operación refleja su intención de adquisición de los bienes, productos o servicios ofrecidos y las demás condiciones;

III. Mecanismos para que el consumidor pueda aceptar la transacción;

IV. Mecanismos de soporte de la prueba de la transacción;

V. Mecanismos técnicos de seguridad apropiados y confiables que garanticen la protección y confidencialidad de la información personal del consumidor y de la transacción misma;

VI. Mecanismos para presentar peticiones, quejas o reclamos, y

VII. Mecanismos de identidad, de pago y de entrega.

Capítulo IX

De las garantías

(REFORMADO, D.O.F. 11 DE ENERO DE 2018)

Artículo 77.- Todo bien o servicio que se ofrezca con garantía deberá sujetarse a lo dispuesto por esta ley y a lo pactado entre proveedor y consumidor.

Para los efectos del párrafo anterior la garantía no podrá ser inferior a noventa días contados a partir de la entrega del bien o la prestación del servicio.

Artículo 78.- La póliza de garantía deberá expedirse por el proveedor por escrito, de manera clara y precisa expresando, por lo menos, su alcance, duración, condiciones, mecanismos para hacerlas efectivas, domicilio para reclamaciones y establecimientos o talleres de servicio. La póliza debe ser entregada al consumidor al momento de recibir éste el bien o servicio de que se trate.

Artículo 79.- Las garantías ofrecidas no pueden ser inferiores a las que determinen las disposiciones aplicables ni prescribir condiciones o limitaciones que reduzcan los derechos que legalmente corresponden al consumidor.

(REFORMADO, D.O.F. 4 DE FEBRERO DE 2004)

El cumplimiento de las garantías es exigible, indistintamente, al productor y al importador del bien o servicio, así como al distribuidor, salvo en los casos en que alguno de ellos o algún tercero asuma por escrito la obligación. El cumplimiento de las garantías deberá realizarse en el domicilio en que haya sido adquirido o contratado el bien o servicio, o en el lugar o lugares que exprese la propia póliza. El proveedor deberá cubrir al consumidor los gastos necesarios erogados para lograr el cumplimiento de la garantía en domicilio diverso al antes señalado.

Artículo 80.- Los productores deberán asegurar y responder del suministro oportuno de partes y refacciones, así como del servicio de reparación, durante el término de vigencia de la garantía y, posteriormente, durante el tiempo en que los productos sigan fabricándose, armándose o distribuyéndose.

Mediante normas oficiales mexicanas la Secretaría podrá disponer que determinados productos deben ser respaldados con una garantía de mayor vigencia por lo que se refiere al suministro de partes y refacciones, tomando en cuenta la durabilidad del producto.

(REFORMADO, D.O.F. 11 DE ENERO DE 2018)

Artículo 81.- En caso de que el producto haya sido reparado o sometido a mantenimiento y el mismo presente deficiencias imputables al autor de la reparación o del mantenimiento dentro de los noventa días naturales posteriores a la entrega del producto al consumidor, éste tendrá derecho a que sea reparado o mantenido de nuevo sin costo alguno. Si el plazo de la garantía es superior a los noventa días naturales, se estará a dicho plazo.

(REFORMADO, D.O.F. 4 DE FEBRERO DE 2004)

Artículo 82.- El consumidor puede optar por pedir la restitución del bien o servicio, la rescisión del contrato o la reducción del precio, y en cualquier caso, la bonificación o compensación, cuando la cosa u objeto del contrato tenga defectos o vicios ocultos que la hagan impropia para los usos a que habitualmente se destine, que disminuyan su calidad o la posibilidad de su uso, o no ofrezca la seguridad que dada su naturaleza normalmente se espere de ella y de su uso razonable. Cuando el consumidor opte por la rescisión, el proveedor tiene la obligación de reintegrarle el precio pagado y, en su caso, los intereses a que se refiere el segundo párrafo del artículo 91 de esta ley.

La bonificación o compensación a que se refiere el párrafo anterior se determinará conforme a lo dispuesto en el artículo 92 TER de esta ley.

Lo anterior sin perjuicio de la indemnización que en su caso corresponda por daños y perjuicios.

Artículo 83.- El tiempo que duren las reparaciones efectuadas al amparo de la garantía no es computable dentro del plazo de la misma. Cuando el bien haya sido reparado se iniciará la garantía respecto de las piezas repuestas y continuará con relación al resto. En el caso de reposición del bien deberá renovarse el plazo de la garantía.

Artículo 84.- Cuando el consumidor acuda a la Procuraduría para hacer valer sus derechos fuera del plazo establecido por la garantía, deberá acreditar que compareció ante el proveedor dentro del (sic) dicho plazo.

CAPÍTULO X
DE LOS CONTRATOS DE ADHESIÓN

(REFORMADO, D.O.F. 30 DE NOVIEMBRE DE 2010)

Artículo 85.- Para los efectos de esta ley, se entiende por contrato de adhesión el documento elaborado unilateralmente por el proveedor, para establecer en formatos uniformes los términos y condiciones aplicables a la adquisición de un producto o la prestación de un servicio, aun cuando dicho documento no contenga todas las cláusulas ordinarias de un contrato. Todo contrato de adhesión celebrado en territorio nacional, para su validez, deberá estar escrito en idioma español y sus caracteres tendrán que ser legibles a simple vista y en un tamaño y tipo de letra uniforme. Además, no podrá implicar prestaciones desproporcionadas a cargo de los consumidores, obligaciones inequitativas o abusivas, o cualquier otra cláusula o texto que viole las disposiciones de esta ley.

Artículo 86.- La Secretaría, mediante normas oficiales mexicanas podrá sujetar contratos de adhesión a registro previo ante la Procuraduría cuando impliquen o puedan implicar prestaciones desproporcionadas a cargo de los consumidores, obligaciones inequitativas o abusivas, o altas probabilidades de incumplimiento.

Las normas podrán referirse a cualesquiera términos y condiciones, excepto precio.

(ADICIONADO, D.O.F. 4 DE FEBRERO DE 2004)

Los contratos de adhesión sujetos a registro deberán contener una cláusula en la que se determine que la Procuraduría será competente en la vía administrativa para resolver cualquier controversia que se suscite sobre la interpretación o cumplimiento de los mismos. Asimismo, deberán señalar el número de registro otorgado por la Procuraduría.

(REFORMADO, D.O.F. 4 DE FEBRERO DE 2004)

Artículo 86 Bis.- En los contratos de adhesión de prestación de servicios deben incluirse por escrito o por vía electrónica los servicios adicionales, especiales, o conexos, que pueda solicitar el consumidor de forma opcional por conducto y medio del servicio básico.

El proveedor sólo podrá prestar un servicio adicional o conexo no previsto en el contrato original si cuenta con el consentimiento expreso del consumidor, ya sea por escrito o por vía electrónica.

(ADICIONADO, D.O.F. 5 DE JUNIO DE 2000)

Artículo 86 Ter.- En los contratos de adhesión de prestación de servicios, el consumidor gozará de las siguientes prerrogativas:

I. Adquirir o no la prestación de servicios adicionales, especiales o conexos al servicio básico;

II. Contratar la prestación de los servicios adicionales, especiales o conexos con el proveedor que elija;

III. Dar por terminada la prestación de los servicios adicionales, especiales o conexos al servicio básico en el momento que lo manifieste de manera expresa al proveedor, sin que ello implique que proceda la suspensión o la cancelación de la prestación del servicio básico. El consumidor sólo podrá hacer uso de esta prerrogativa si se encontrare al corriente en el cumplimiento de todas sus obligaciones contractuales y se hubiese vencido el plazo mínimo pactado; y

IV. Las demás prerrogativas que señalen ésta y otras leyes o reglamentos.

El consumidor gozará de las anteriores prerrogativas aun cuando no hubieren sido incluidas de manera expresa en el clausulado del contrato de adhesión de que se trate.

(ADICIONADO, D.O.F. 5 DE JUNIO DE 2000)

Artículo 86 Quater.- Cualquier diferencia entre el texto del contrato de adhesión registrado ante la Procuraduría Federal del Consumidor y el utilizado en perjuicio de los consumidores, se tendrá por no puesta.

(REFORMADO [N. DE E. ESTE PÁRRAFO], D.O.F. 11 DE ENERO DE 2018)

Artículo 87.- En caso de que los contratos de adhesión requieran de registro previo ante la Procuraduría, los proveedores deberán presentarlos ante la misma antes de su utilización y ésta se limitará a verificar que los modelos se ajusten a lo que disponga la norma correspondiente y a las disposiciones de esta ley, y emitirá su resolución dentro de los treinta días hábiles siguientes a la fecha de presentación de la solicitud de registro. Transcurrido dicho plazo sin haberse emitido la resolución correspondiente, los modelos se entenderán aprobados y será obligación de la Procuraduría registrarlos, quedando en su caso como prueba de inscripción la solicitud de registro. Para la modificación de las obligaciones o condiciones de los contratos que requieran de registro previo será indispensable solicitar la modificación del registro ante la Procuraduría, la cual se tramitará en los términos antes señalados.

(REFORMADO, D.O.F. 4 DE FEBRERO DE 2004)

Los contratos que deban registrarse conforme a esta ley, las normas oficiales mexicanas y demás disposiciones aplicables, y no se registren, así como aquéllos cuyo registro sea negado por la Procuraduría, no producirán efectos contra el consumidor.

(ADICIONADO, D.O.F. 11 DE ENERO DE 2018)

Los contratos de adhesión registrados ante la Procuraduría deberán utilizarse en todas sus operaciones comerciales y corresponder fielmente con los modelos de contrato registrados por la autoridad.

(ADICIONADO, D.O.F. 11 DE ENERO DE 2018)

El incumplimiento a este precepto se sancionará conforme lo dispuesto en el artículo 128, con excepción del párrafo anterior que se sancionará en términos del artículo 128 TER.

(ADICIONADO, D.O.F. 4 DE FEBRERO DE 2004)

Artículo 87 Bis.- La Procuraduría podrá publicar en el Diario Oficial de la Federación, el modelo de aquellos contratos que deban ser registrados de conformidad con el artículo 86 de esta ley, a fin de que los proveedores puedan utilizarlos. En tales casos, el proveedor únicamente dará aviso a la Procuraduría sobre la adopción del modelo de contrato para efectos de registro.

Cuando el proveedor haya dado aviso a la Procuraduría para adoptar un contrato conforme al modelo publicado, no podrá modificarlo ni incluir otras cláusulas o excepciones a su aplicación, sin haber cumplido con lo dispuesto en el artículo 87 TER. En caso de no hacerlo, dichas modificaciones, adiciones o excepciones se tendrán por no puestas.

(ADICIONADO, D.O.F. 4 DE FEBRERO DE 2004)

Artículo 87 Ter.- Cuando el contrato de adhesión de un proveedor contenga variaciones respecto del modelo de contrato publicado por la Procuraduría a que se refiere el artículo anterior, el proveedor deberá solicitar su registro en los términos del procedimiento previsto en el artículo 87.

Artículo 88.- Los interesados podrán inscribir voluntariamente sus modelos de contrato de adhesión aunque no requieran registro previo, siempre y cuando la Procuraduría estime que sus efectos no lesionan el interés de los consumidores y que su texto se apega a lo dispuesto por esta ley.

Artículo 89.- La Procuraduría, en la tramitación del registro de modelos de contratos de adhesión, podrá requerir al proveedor la aportación de información de carácter comercial necesaria para conocer la naturaleza del acto objeto del contrato, siempre y cuando no se trate de información confidencial o sea parte de secretos industriales o comerciales.

Artículo 90.- No serán válidas y se tendrán por no puestas las siguientes cláusulas de los contratos de adhesión ni se inscribirán en el registro cuando:

I. Permitan al proveedor modificar unilateralmente el contenido del contrato, o sustraerse unilateralmente de sus obligaciones;

II. Liberen al proveedor de su responsabilidad civil, excepto cuando el consumidor incumpla el contrato;

III. Trasladen al consumidor o a un tercero que no sea parte del contrato la responsabilidad civil del proveedor;

IV. Prevengan términos de prescripción inferiores a los legales;

V. Prescriban el cumplimiento de ciertas formalidades para la procedencia de las acciones que se promuevan contra el proveedor; y

VI. Obliguen al consumidor a renunciar a la protección de esta ley o lo sometan a la competencia de tribunales extranjeros.

(ADICIONADO, D.O.F. 4 DE FEBRERO DE 2004)

Artículo 90 Bis.- Cuando con posterioridad a su registro se aprecie que un contrato contiene cláusulas que sean contrarias a esta ley o a las normas oficiales mexicanas, la Procuraduría, de oficio o a petición de cualquier persona interesada, procederá a la cancelación del registro correspondiente.

En tales casos, la Procuraduría procederá conforme al procedimiento establecido en el artículo 123 de esta ley.

CAPÍTULO XI
DEL INCUMPLIMIENTO

Artículo 91.- Los pagos hechos en exceso del precio máximo determinado o, en su caso, estipulado, son recuperables por el consumidor. Si el proveedor no devuelve la cantidad cobrada en exceso dentro del término de 5 días hábiles siguientes a la reclamación además de la sanción que corresponda, estará obligado a pagar el máximo de los intereses a que se refiere este artículo. La acción para solicitar esta devolución prescribe en un año a partir de la fecha en que tuvo lugar el pago.

Los intereses se calcularán con base en el costo porcentual promedio de captación que determine el Banco de México, o cualquiera otra tasa que la sustituya oficialmente como indicador del costo de los recursos financieros.

(REFORMADO PRIMER PÁRRAFO, D.O.F. 29 DE ENERO DE 2009)

Artículo 92.- Los consumidores tendrán derecho, a su elección, a la reposición del producto o a la devolución de la cantidad pagada, contra la entrega del producto adquirido, y en todo caso, a una bonificación, en los siguientes casos:

(REFORMADA, D.O.F. 4 DE FEBRERO DE 2004)

I. Cuando el contenido neto de un producto o la cantidad entregada sea menor a la indicada en el envase, recipiente, empaque o cuando se utilicen instrumentos de medición que no cumplan con las disposiciones aplicables, considerados los límites de tolerancia permitidos por la normatividad;

(REFORMADA, D.O.F. 4 DE FEBRERO DE 2004)

II. Si el bien no corresponde a la calidad, marca, o especificaciones y demás elementos sustanciales bajo los cuales se haya ofrecido o no cumple con las normas oficiales mexicanas;

(REFORMADA, D.O.F. 4 DE FEBRERO DE 2004)

III. Si el bien reparado no queda en estado adecuado para su uso o destino, dentro del plazo de garantía, y

(ADICIONADA, D.O.F. 4 DE FEBRERO DE 2004)

IV. En los demás casos previstos por esta ley.

(ADICIONADO, D.O.F. 12 DE ABRIL DE 2019)

Cuando aplique la devolución de la cantidad pagada, ésta se efectuará utilizando la misma forma de pago con la que se realizó la compra, pudiendo hacerse por una forma de pago distinta si el consumidor lo acepta al momento en que se efectúe la devolución.

En los casos de aparatos, unidades y bienes que por sus características ameriten conocimientos técnicos, se estará al juicio de peritos o a la verificación en laboratorios debidamente acreditados.

(ADICIONADO, D.O.F. 11 DE ENERO DE 2018)

En el caso de la fracción III, si el consumidor opta por la reposición del producto, éste debe ser nuevo.

(REFORMADO, D.O.F. 29 DE ENERO DE 2009)

Si con motivo de la verificación, la procuraduría detecta el incumplimiento de alguno de los supuestos previstos por este precepto, podrá ordenar que se informe a los consumidores sobre las irregularidades detectadas, de conformidad a lo establecido en el artículo 98 Bis, para el efecto de que puedan exigir al proveedor la bonificación que en su caso corresponda.

(ADICIONADO, D.O.F. 4 DE FEBRERO DE 2004)

Artículo 92 Bis.- Los consumidores tendrán derecho a la bonificación o compensación cuando la prestación de un servicio sea deficiente, no se preste o proporcione por causas imputables al proveedor, o por los demás casos previstos por la ley.

(REFORMADO, D.O.F. 29 DE ENERO DE 2009)

Artículo 92 Ter.- La bonificación a que se refieren los artículos 92 y 92 Bis no podrá ser menor al veinte por ciento del precio pagado. El pago de dicha bonificación se efectuará sin perjuicio de la indemnización que en su caso corresponda por daños y perjuicios.

Para la determinación del pago de daños y perjuicios la autoridad judicial considerará el pago de la bonificación que en su caso hubiese hecho el proveedor.

La bonificación que corresponda tratándose del incumplimiento a que se refiere al artículo 92, fracción I, podrá hacerla efectiva el consumidor directamente al proveedor presentando su comprobante o recibo de pago del día en que se hubiere detectado la violación por la Procuraduría y no podrá ser menor al veinte por ciento del precio pagado.

(REFORMADO, D.O.F. 4 DE FEBRERO DE 2004)

Artículo 93.- La reclamación a que se refiere el artículo 92 podrá presentarse indistintamente al vendedor, al fabricante o importador, a elección del consumidor, dentro de los dos meses siguientes a la fecha en que se haya recibido el producto, siempre que no se hubiese alterado por culpa del consumidor. El proveedor deberá satisfacer la reclamación en un plazo que no excederá de quince días contados a partir de dicha reclamación. El vendedor, fabricante o importador podrá negarse a satisfacer la reclamación si ésta es extemporánea, cuando el producto haya sido usado en condiciones distintas a las recomendadas o propias de su naturaleza o destino o si ha sufrido un deterioro esencial, irreparable y grave por causas imputables al consumidor.

(REFORMADO, D.O.F. 4 DE FEBRERO DE 2004)

Artículo 94.- Las comprobaciones de calidad, especificaciones o cualquier otra característica, se efectuarán conforme a las normas oficiales mexicanas; a falta de éstas, conforme las normas mexicanas o a los métodos o procedimientos que determinen la Secretaría o la dependencia competente del Ejecutivo Federal, previa audiencia de los interesados.

(REFORMADO, D.O.F. 4 DE FEBRERO DE 2004)

Artículo 95.- Los productos que hayan sido repuestos por los proveedores o distribuidores, deberán serles repuestos a su vez contra su entrega, por la persona de quien los adquirieron o por el fabricante, quien deberá, en su caso, cubrir el costo de su reparación, devolución, bonificación o compensación que corresponda, salvo que la causa sea imputable al proveedor o distribuidor.

En caso de que el producto en cuestión cuente con un documento que ampare la evaluación de la conformidad del mismo emitido por alguna de las personas acreditadas o aprobadas a que se refiere la Ley Federal sobre Metrología y Normalización, tales personas deberán cubrir al proveedor la bonificación o compensación que corresponda.

CAPÍTULO XII
DE LA VIGILANCIA Y VERIFICACIÓN

(REFORMADO, D.O.F. 4 DE FEBRERO DE 2004)

Artículo 96.- La Procuraduría, con objeto de aplicar y hacer cumplir las disposiciones de esta ley y de la Ley Federal sobre Metrología y Normalización, cuando no corresponda a otra dependencia, practicará la vigilancia y verificación necesarias en los lugares donde se administren, almacenen, transporten, distribuyan o expendan productos o mercancías o en los que se presten servicios, incluyendo aquéllos en tránsito.

Para la verificación y vigilancia a que se refiere el párrafo anterior, la Procuraduría actuará de oficio conforme a lo dispuesto en esta ley y en los términos del procedimiento previsto por la Ley Federal de Procedimiento Administrativo, y tratándose de la verificación del cumplimiento de normas oficiales mexicanas, de conformidad con la Ley Federal sobre Metrología y Normalización.

(REFORMADO, D.O.F. 4 DE FEBRERO DE 2004)

Artículo 97.- Cualquier persona podrá denunciar ante la Procuraduría las violaciones a las disposiciones de esta ley, la Ley Federal sobre Metrología y Normalización, normas oficiales mexicanas y demás disposiciones aplicables. En la denuncia se deberá indicar lo siguiente:

I. Nombre y domicilio del denunciado o, en su caso, datos para su ubicación;

II. Relación de los hechos en los que basa su denuncia, indicando el bien, producto o servicio de que se trate, y

III. En su caso, nombre y domicilio del denunciante.

La denuncia podrá presentarse por escrito, de manera verbal, vía telefónica, electrónica o por cualquier otro medio.

(ADICIONADO, D.O.F. 4 DE FEBRERO DE 2004)

Artículo 97 Bis.- La orden de verificación a que se refiere el artículo 65 de la Ley Federal de Procedimiento Administrativo deberá ser exhibida y entregada en original a la persona con quien se entienda la diligencia. Si ésta se niega a recibirla, dicha circunstancia se asentará en el acta respectiva, sin que ello afecte la validez del acto.

(ADICIONADO, D.O.F. 4 DE FEBRERO DE 2004)

Artículo 97 Ter.- Cuando con motivo de una visita de verificación se requiera efectuar toma de muestras para verificar el cumplimiento de esta ley, en el acta se deberá indicar el número y tipo de muestras que se obtengan.

Para la toma y análisis de las muestras a que se refiere el párrafo anterior, se procederá en los siguientes términos:

I. Se tomarán por triplicado, una para el análisis de la Procuraduría, otra quedará en poder del visitado quien podrá efectuar su análisis, y la tercera tendrá el carácter de muestra testigo que quedará en poder del visitado y a disposición de la Procuraduría. A las muestras se colocarán sellos que garanticen su inviolabilidad;

II. El resultado del análisis emitido por la Procuraduría se le notificará al visitado en los términos del artículo 104 de esta ley;

III. En caso de que el visitado no esté de acuerdo con los resultados deberá exhibir el análisis derivado de la muestra dejada en su poder y además, la muestra testigo, dentro de los cinco días siguientes a la recepción de los resultados de la Procuraduría;

IV. En tales casos, la Procuraduría ordenará el análisis de la muestra testigo en su laboratorio. El análisis se realizará en presencia de los técnicos designados por las partes, debiéndose levantar una constancia de ello. El dictamen derivado de este último, será definitivo, y

V. En caso de tratarse de análisis o pruebas no destructivas, las muestras serán devueltas al visitado a su costa; en caso de que éste no las recoja en un plazo de treinta días a partir de la notificación respectiva, dichas muestras se podrán donar para fines lícitos o destruir.

(ADICIONADO, D.O.F. 4 DE FEBRERO DE 2004)

Artículo 97 Quater.- Si durante el procedimiento de verificación se detecta alguno de los supuestos previstos en el artículo 25 BIS de esta ley, se aplicarán, en su caso, las medidas precautorias que correspondan, asentándose dicha circunstancia en el acta respectiva. Lo anterior, sin perjuicio de iniciar el procedimiento previsto por el artículo 123 de esta ley.

(REFORMADO PRIMER PÁRRAFO, D.O.F. 4 DE FEBRERO DE 2004)

Artículo 98.- Se entiende por visita de verificación la que se practique en los lugares a que se refiere el artículo 96 de acuerdo con lo dispuesto en esta ley, debiéndose:

(ADICIONADA, D.O.F. 11 DE ENERO DE 2018)

I. Levantar acta circunstanciada en presencia de dos testigos propuestos por la persona con quien se hubiere entendido la visita de verificación o por quien la lleve a cabo si aquélla se hubiere negado a proponerlos, en la que se hagan constar los hechos u omisiones así como las manifestaciones de quienes intervengan en la visita de verificación si así deciden hacerlo;

II. Examinar los productos o mercancías, las condiciones en que se ofrezcan éstos o se presten los servicios y los documentos e instrumentos relacionados con la actividad de que se trate;

III. Verificar precios, cantidades, cualidades, calidades, contenidos netos, masa drenada, tarifas e instrumentos de medición de dichos bienes o servicios en términos de esta ley;

IV. Constatar la existencia o inexistencia de productos o mercancías, atendiendo al giro del proveedor; y

V. Llevar a cabo las demás acciones tendientes a verificar el cumplimiento de la ley.

(REFORMADO, D.O.F. 29 DE ENERO DE 2009)

Artículo 98 Bis.- Cuando con motivo de una verificación la Procuraduría detecte violaciones a esta Ley y demás disposiciones aplicables, podrá ordenar se informe a los consumidores individual o colectivamente, inclusive a través de medios de comunicación masiva, sobre las acciones u omisiones de los proveedores que afecten sus intereses o derechos, así como la forma en que los proveedores los bonificarán, debiendo éstos acreditar el cumplimiento de dicha orden. En caso de no hacerlo, se aplicarán las sanciones que correspondan.

El informe a que se refiere el párrafo anterior, podrá ordenarse como uno de los puntos resolutivos del procedimiento contenido en el artículo 123 de la presente Ley.

(ADICIONADO, D.O.F. 4 DE FEBRERO DE 2004)

Artículo 98 Ter.- La Procuraduría podrá ordenar el aseguramiento de bienes o productos que se comercialicen fuera de establecimiento comercial cuando no cumplan con las disposiciones aplicables, conforme al procedimiento que al efecto se establezca y que se publique en el Diario Oficial de la Federación, y lo hará del conocimiento de las autoridades competentes a fin de que adopten las medidas que procedan.

CAPÍTULO XIII
PROCEDIMIENTOS

SECCIÓN PRIMERA
DISPOSICIONES COMUNES

(REFORMADO PRIMER PÁRRAFO, D.O.F. 28 DE ENERO DE 2011)

Artículo 99.- La Procuraduría recibirá las quejas o reclamaciones de los consumidores de manera individual o grupal con base en esta ley, las cuales podrán presentarse en forma escrita, oral, telefónica, electrónica o por cualquier otro medio cumpliendo con los siguientes requisitos:

I. Señalar nombre y domicilio del reclamante;

(REFORMADA, D.O.F. 28 DE ENERO DE 2011)

II. Descripción del bien o servicio que se reclama y relación sucinta de los hechos;

(REFORMADA, D.O.F. 28 DE ENERO DE 2011)

III. Señalar nombre y domicilio del proveedor que se contenga en el comprobante o recibo que ampare la operación materia de la reclamación o, en su defecto, el que proporcione el reclamante;

(ADICIONADA, D.O.F. 4 DE FEBRERO DE 2004)

IV. Señalar el lugar o forma en que solicita se desahogue su reclamación;

(ADICIONADA, D.O.F. 28 DE ENERO DE 2011)

V. Para la atención y procedencia de quejas o reclamaciones grupales, se deberá acreditar, además, que existe identidad de causa, acción, pretensiones y proveedor; la personalidad del o los representantes del grupo de quejosos; que la representación y gestión se realiza de manera gratuita, y que no están vinculadas con actividades de proselitismo político o electoral, y

(ADICIONADA, D.O.F. 28 DE ENERO DE 2011)

VI. Las asociaciones u organizaciones de consumidores que presenten reclamaciones grupales deberán acreditar, además:

a) Su legal constitución y la personalidad de los representantes;

b) Que su objeto social sea el de la promoción y defensa de los intereses y derechos de los consumidores;

c) Que tienen como mínimo un año de haberse constituido;

d) Que los consumidores que participan en la queja grupal expresaron su voluntad para formar parte de la misma;

e) Que no tienen conflicto de intereses respecto de la queja que se pretenda presentar, expresándolo en un escrito en el que, bajo protesta de decir verdad, se haga constar dicha circunstancia;

f) Que la representación y gestión se realiza de manera gratuita, y

g) Que no participan de manera institucional en actividades de proselitismo político o electoral.

(ACTUALIZADO EN SU MONTO, D.O.F. 21 DE DICIEMBRE DE 2023)

Las reclamaciones de las personas físicas o morales a que se refiere la fracción primera del artículo 2 de esta ley, que adquieran, almacenen, utilicen o consuman bienes o servicios con objeto de integrarlos en procesos de producción, transformación, comercialización o prestación de servicios a terceros, serán procedentes siempre que el monto de la operación motivo de la reclamación no exceda de $701,147.34.

La Procuraduría podrá solicitar a las autoridades federales, estatales, municipales o del Distrito Federal, que le proporcionen los datos necesarios para identificar y localizar al proveedor. Las autoridades antes señaladas deberán contestar la solicitud dentro de los quince días siguientes a la fecha de su presentación.

(REFORMADO, D.O.F. 4 DE FEBRERO DE 2004)

Artículo 100.- Las reclamaciones podrán desahogarse a elección del reclamante, en el lugar en que se haya originado el hecho motivo de la reclamación; en el del domicilio del reclamante, en el del proveedor, o en cualquier otro que se justifique, tal como el del lugar donde el consumidor desarrolla su actividad habitual o en el de su residencia.

En caso de no existir una unidad de la Procuraduría en el lugar que solicite el consumidor, aquélla hará de su conocimiento el lugar o forma en que será atendida su reclamación.

Artículo 101.- La Procuraduría rechazará de oficio las reclamaciones notoriamente improcedentes.

Artículo 102.- Presentada la reclamación se tendrá por interrumpido el término para la prescripción de las acciones legales correspondientes, durante el tiempo que dure el procedimiento.

(REFORMADO, D.O.F. 4 DE FEBRERO DE 2004)

Artículo 103.- La Procuraduría notificará al proveedor dentro de los quince días siguientes a la fecha de recepción y registro de la reclamación, requiriéndole un informe por escrito relacionado con los hechos, acompañado de un extracto del mismo.

Artículo 104.- Las notificaciones que realice la Procuraduría serán personales en los siguientes casos:

I. Cuando se trate de la primera notificación;

II. Cuando se trate del requerimiento de un acto a la parte que deba cumplirlo;

III. Cuando se trate de notificación de laudos arbitrales;

(REFORMADA, D.O.F. 4 DE FEBRERO DE 2004)

IV. Cuando se trate de resoluciones o acuerdos que impongan una medida de apremio o una sanción;

V. Cuando la Procuraduría notifique al acreedor haber recibido cantidades en consignación;

VI. Cuando la autoridad lo estime necesario; y

VII. En los demás casos que disponga la ley.

(REFORMADO, D.O.F. 4 DE FEBRERO DE 2004)

Las notificaciones personales deberán realizarse por notificador o por correo certificado con acuse de recibo del propio notificado o por cualquier otro medio fehaciente autorizado legalmente o por el destinatario, siempre y cuando éste manifieste por escrito su consentimiento. Dicha notificación se efectuará en el domicilio del local o establecimiento que señale el comprobante respectivo, o bien, en el que hubiere sido proporcionado por el reclamante.

(ADICIONADO, D.O.F. 4 DE FEBRERO DE 2004)

Tratándose de la notificación a que se refiere la fracción primera de este precepto en relación con el procedimiento conciliatorio, la misma podrá efectuarse con la persona que deba ser notificada o, en su defecto, con su representante legal o con el encargado o responsable del local o establecimiento correspondiente. A falta de éstos, se estará a lo dispuesto en la Ley Federal de Procedimiento Administrativo.

(ADICIONADO, D.O.F. 4 DE FEBRERO DE 2004)

Las notificaciones realizadas con quien deban entenderse en términos del párrafo anterior serán válidas aun cuando no se hubieren podido efectuar en el domicilio respectivo.

(ADICIONADO, D.O.F. 4 DE FEBRERO DE 2004)

En caso de que el destinatario no hubiere señalado domicilio para oír y recibir notificaciones o lo hubiere cambiado sin haber avisado a la Procuraduría, ésta podrá notificarlo por estrados.

(ADICIONADO, D.O.F. 4 DE FEBRERO DE 2004)

Tratándose de actos distintos a los señalados con anterioridad, las notificaciones podrán efectuarse por estrados, previo aviso al destinatario, quien podrá oponerse a este hecho, así como por correo con acuse de recibo o por mensajería; también podrán efectuarse por telegrama, fax, vía electrónica u otro medio similar previa aceptación por escrito del interesado.

(ADICIONADO, D.O.F. 4 DE FEBRERO DE 2004)

La documentación que sea remitida por una unidad administrativa de la Procuraduría vía electrónica, fax o por cualquier otro medio idóneo a otra unidad de la misma para efectos de su notificación, tendrá plena validez siempre que la unidad receptora hubiere confirmado la clave de identificación del servidor público que remite la documentación y que ésta se conserve íntegra, inalterada y accesible para su consulta.

(REFORMADO PRIMER PÁRRAFO, D.O.F. 4 DE FEBRERO DE 2004)

Artículo 105.- Las reclamaciones se podrán presentar dentro del término de un año, en cualquiera de los siguientes supuestos:

I. Tratándose de enajenación de bienes o prestación de servicios.

a) A partir de que se expida el comprobante que ampare el precio o la contraprestación pactada;

(REFORMADO, D.O.F. 4 DE FEBRERO DE 2004)

b) A partir de que se pague el bien o sea exigible el servicio, total o parcialmente;

(REFORMADO, D.O.F. 4 DE FEBRERO DE 2004)

c) A partir de que se reciba el bien, o se preste el servicio, o

(ADICIONADO, D.O.F. 4 DE FEBRERO DE 2004)

d) A partir de la última fecha en que el consumidor acredite haber directamente requerido al proveedor el cumplimiento de alguna de las obligaciones pactadas por éste;

II. Tratándose del otorgamiento del uso o goce temporal de bienes:

a) A partir de que se expida el recibo a favor del que disfruta del uso o goce temporal; o

b) A partir de que se cumpla efectivamente la contraprestación pactada en favor del que otorga el uso o goce temporal.

(REFORMADO [N. DE E. PERTENECE AL INCISO B], D.O.F. 11 DE ENERO DE 2018)

Se exceptúa del término anterior, las reclamaciones que se realicen con motivo de la prestación de servicios educativos o similares, proporcionados por particulares a niñas, niños o adolescentes, por vulneración a los derechos contemplados en el Título Segundo de la Ley General de los Derechos de Niñas, Niños y Adolescentes. La reclamación podrá presentarse dentro del término de diez años a partir de que se advierta dicha vulneración.

Artículo 106.- Dentro de los procedimientos a que se refiere este capítulo, las partes podrán realizar la consignación ante la Procuraduría, mediante la exhibición de billetes de depósito expedidos por institución legalmente facultada para ello:

I. Cuando el acreedor rehuse recibir la cantidad correspondiente;

II. Cuando el acreedor se niegue a entregar el comprobante de pago;

III. Cuando exista duda sobre la procedencia del pago;

IV. Mientras exista incumplimiento de algunas de las obligaciones contraídas por la contraparte, en tanto se concluye el procedimiento ante la Procuraduría;

V. En cumplimiento de convenios o laudos; y

VI. Como garantía de compromisos asumidos ante la Procuraduría.

(REFORMADO, D.O.F. 4 DE FEBRERO DE 2004)

La Procuraduría realizará la notificación correspondiente y ordenará su entrega al consignatario o, en su caso, al órgano judicial competente. Una vez agotados los medios legales para la entrega del billete de depósito, sin que ello hubiese sido posible, prescribirán a favor de la Procuraduría los derechos para su cobro en un término de tres años, contados a partir de la primera notificación para su cobro.

Artículo 107.- En caso de requerirse prueba pericial, el consumidor y el proveedor podrán designar a sus respectivos peritos, quienes no tendrán obligación de presentarse a aceptar el cargo, sólo la de ratificar el dictamen al momento de su presentación. En caso de discrepancia en los peritajes de las partes la Procuraduría designará un perito tercero en discordia.

Artículo 108.- A falta de mención expresa, los plazos establecidos en días en esta ley, se entenderán naturales. En caso de que el día en que concluya el plazo sea inhábil se entenderá que concluye el día hábil inmediato siguiente.

Artículo 109.- Para acreditar la personalidad en los trámites ante la Procuraduría, tratándose de personas físicas bastará carta-poder firmada ante dos testigos, en el caso de personas morales se requerirá poder notarial.

Artículo 110.- Los convenios aprobados y los laudos emitidos por la Procuraduría tienen fuerza de cosa juzgada y traen aparejada ejecución, lo que podrá promoverse ante los tribunales competentes en la vía de apremio o en juicio ejecutivo, a elección del interesado.

Los convenios aprobados y los reconocimientos de los proveedores y consumidores de obligaciones a su cargo así como los ofrecimientos para cumplirlos que consten por escrito, formulados ante la Procuraduría, y que sean aceptados por la otra parte, podrán hacerse efectivos mediante las medidas de apremio contempladas por esta Ley.

Aún cuando no medie reclamación, la Procuraduría estará facultada para aprobar los convenios propuestos por el consumidor y el proveedor, previa ratificación.

SECCIÓN SEGUNDA
PROCEDIMIENTO CONCILIATORIO

Artículo 111.- La Procuraduría señalará día y hora para la celebración de una audiencia de conciliación en la que se procurará avenir los intereses de las partes, la cual deberá tener lugar, por lo menos, cuatro días después de la fecha de notificación de la reclamación al proveedor.

(REFORMADO, D.O.F. 4 DE FEBRERO DE 2004)

La conciliación podrá celebrarse vía telefónica o por otro medio idóneo, en cuyo caso la Procuraduría o las partes podrán solicitar que se confirmen por escrito los compromisos adquiridos.

(REFORMADO, D.O.F. 11 DE ENERO DE 2018)

Queda exceptuado de la etapa de conciliación, cuando el consumidor sea menor de edad y se haya vulnerado alguno de los derechos contemplados en el Título Segundo de la Ley General de los Derechos de Niñas, Niños y Adolescentes.

Artículo 112.- En caso de que el proveedor no se presente a la audiencia o no rinda informe relacionado con los hechos, se le impondrá medida de apremio y se citará a una segunda audiencia, en un plazo no mayor de 10 días, en caso de no asistir a ésta se le impondrá una nueva medida de apremio y se tendrá por presuntamente cierto lo manifestado por el reclamante.

En caso de que el reclamante no acuda a la audiencia de conciliación y no presente dentro de los siguientes 10 días justificación fehaciente de su inasistencia, se tendrá por desistido de la reclamación y no podrá presentar otra ante la Procuraduría por los mismo (sic) hechos.

(REFORMADO, D.O.F. 4 DE FEBRERO DE 2004)

Artículo 113.- Previo reconocimiento de la personalidad y de la relación contractual entre las partes el conciliador expondrá a las partes un resumen de la reclamación y del informe presentado, señalando los elementos comunes y los puntos de controversia, y las exhortará para llegar a un arreglo. Sin prejuzgar sobre el conflicto planteado, les presentará una o varias opciones de solución, salvaguardando los derechos del consumidor.

Tratándose de bienes o servicios de prestación o suministro periódicos tales como energía eléctrica, gas o telecomunicaciones, el solo inicio del procedimiento conciliatorio suspenderá cualquier facultad del proveedor de interrumpir o suspender unilateralmente el cumplimiento de sus obligaciones en tanto concluya dicho procedimiento.

(REFORMADO, D.O.F. 4 DE FEBRERO DE 2004)

Artículo 114.- El conciliador podrá en todo momento requerir a las partes los elementos de convicción que estime necesarios para la conciliación, así como para el ejercicio de las atribuciones que a la Procuraduría le confiere la ley. Asimismo, podrá acordar la práctica de diligencias que permitan acreditar los hechos constitutivos de la reclamación. Las partes podrán aportar las pruebas que estimen necesarias para acreditar los elementos de la reclamación y del informe.

El conciliador podrá suspender cuando lo estime pertinente o a instancia de ambas partes, la audiencia de conciliación hasta en tres ocasiones. Asimismo, podrá requerir la emisión de un dictamen a través del cual se cuantifique en cantidad líquida la obligación contractual.

En caso de que se suspenda la audiencia, el conciliador señalará día y hora para su reanudación, dentro de los quince días siguientes, donde en su caso, hará del conocimiento de las partes el dictamen correspondiente, las cuales podrán formular durante la audiencia observaciones al mismo.

La Procuraduría podrá emitir un acuerdo de trámite que contenga el dictamen a que se refieren los párrafos anteriores, que constituirá título ejecutivo no negociable a favor del consumidor, siempre y cuando la obligación contractual incumplida que en él se consigne sea cierta, exigible y líquida a juicio de la autoridad judicial, ante la que el proveedor podrá controvertir el monto del título, presentar las pruebas y oponer las excepciones que estime convenientes.

De toda audiencia se levantará el acta respectiva. En caso de que el proveedor no firme el acta, ello no afectará su validez, debiéndose hacer constar dicha negativa.

Para la sustanciación del procedimiento de conciliación a que se refiere el presente Capítulo, se aplicará supletoriamente el Código Federal de Procedimientos Civiles.

(ADICIONADO, D.O.F. 4 DE FEBRERO DE 2004)

Artículo 114 Bis.- El dictamen a que se refiere el artículo anterior se efectuará en base a las siguientes consideraciones:

I. Se calculará el monto de la obligación contractual, atendiendo a las cantidades originalmente pactadas por las partes;

II. Se analizará el grado de cumplimiento efectuado por el proveedor con relación a la obligación objeto del procedimiento;

III. Con los datos antes señalados, se estimará la obligación incumplida y, en su caso, la bonificación a que se refiere el artículo 92 TER, y

IV. La bonificación señalada en la fracción anterior, se calculará conforme al siguiente criterio:

a) En los casos en que el consumidor hubiere entregado la totalidad del monto de la operación al proveedor, la bonificación será del 30% del monto de la obligación contractual que se determine en el dictamen;

b) Cuando el consumidor hubiere entregado más del 50% de la totalidad del monto de la operación al proveedor, la bonificación será del 25% del monto de la obligación contractual que se determine en el dictamen;

c) En los supuestos en los que el consumidor hubiere entregado hasta el 50% de la totalidad del monto de la operación al proveedor, la bonificación será del 20% del monto de la obligación contractual que se determine en el dictamen, y

d) En los demás casos, la bonificación correspondiente será del 20% del monto de la obligación contractual que se determine en el dictamen.

Las bonificaciones señaladas con anterioridad, se fijarán sin perjuicio de las sanciones a que se hubiese hecho acreedor el proveedor o de que sean modificadas por la autoridad judicial.

(ADICIONADO, D.O.F. 4 DE FEBRERO DE 2004)

Artículo 114 Ter.- El dictamen emitido deberá contener lo siguiente:

I. Lugar y fecha de emisión;

II. Identificación de quien emite el dictamen;

III. Nombre y domicilio del proveedor y del consumidor;

IV. La obligación contractual y tipo de bien o servicio de que se trate;

V. El monto original de la operación y materia de la reclamación;

VI. La determinación del importe de las obligaciones a cargo del proveedor, y

VII. La cuantificación líquida de la bonificación al consumidor.

La determinación del importe consignado en el dictamen, para efectos de ejecución se actualizará por el transcurso del tiempo desde el momento en que se emitió hasta el momento en que se pague, tomando en consideración los cambios de precios en el país, de conformidad con el factor de actualización que arroje el Índice Nacional de Precios al Consumidor que mensualmente dé a conocer el Banco de México.

La acción ejecutiva derivada del dictamen prescribirá a un año de su emisión.

Artículo 115.- Los acuerdos de trámite que emita el conciliador no admitirán recurso alguno.

Los convenios celebrados por las partes serán aprobados por la Procuraduría cuando no vayan en contra de la ley, y el acuerdo que los apruebe no admitirá recurso alguno.

(REFORMADO PRIMER PÁRRAFO, D.O.F. 4 DE FEBRERO DE 2004)

Artículo 116.- En caso de no haber conciliación, el conciliador exhortará a las partes para que designen como árbitro a la Procuraduría o a algún árbitro independiente para solucionar el conflicto. Para efectos de este último caso, la Procuraduría podrá poner a disposición de las partes información sobre árbitros independientes.

En caso de no aceptarse el arbitraje se dejarán a salvo los derechos de ambas partes.

SECCIÓN TERCERA
PROCEDIMIENTO ARBITRAL

(REFORMADO, D.O.F. 4 DE FEBRERO DE 2004)

Artículo 117.- La Procuraduría podrá actuar como árbitro entre consumidores y proveedores cuando los interesados así la designen y sin necesidad de reclamación o procedimiento conciliatorio previos, observando los principios de legalidad, equidad y de igualdad entre las partes.

(ACTUALIZADO EN SU MONTO, D.O.F. 21 DE DICIEMBRE DE 2023)

Cuando se trate de aquellas personas físicas o morales a que se refiere la fracción primera del artículo 2 de esta ley, que adquieren, almacenen, utilicen o consuman bienes o servicios con objeto de integrarlos en procesos de producción, transformación, comercialización o prestación de servicios a terceros, la Procuraduría podrá fungir como árbitro siempre que el monto de lo reclamado no exceda de $701,147.34.

Artículo 118.- La designación de árbitro se hará constar mediante acta ante la Procuraduría, en la que se señalarán claramente los puntos esenciales de la controversia y si el arbitraje es en estricto derecho o en amigable composición.

Artículo 119.- En la amigable composición se fijarán las cuestiones que deberán ser objeto del arbitraje y el árbitro tendrá libertad para resolver en conciencia y a buena fe guardada, sin sujeción a reglas legales, pero observando las formalidades esenciales del procedimiento. El árbitro tendrá la facultad de allegarse todos los elementos que juzgue necesarios para resolver las cuestiones que se le hayan planteado. No habrá términos ni incidentes.

(REFORMADO, D.O.F. 4 DE FEBRERO DE 2004)

Artículo 120.- En el juicio arbitral de estricto derecho las partes formularán compromiso en el que fijarán las reglas del procedimiento, acordes con los principios de legalidad; equidad e igualdad entre las partes. En el caso de que las partes no las propongan o no se hayan puesto de acuerdo, el árbitro las establecerá. En todo caso se aplicará supletoriamente el Código de Comercio y a falta de disposición en dicho Código, el ordenamiento procesal civil local aplicable.

Artículo 121.- El laudo arbitral emitido por la Procuraduría o por el árbitro designado por las partes deberá cumplimentarse o, en su caso, iniciar su cumplimentación dentro de los quince días siguientes a la fecha de su notificación, salvo pacto en contrario.

(REFORMADO, D.O.F. 4 DE FEBRERO DE 2004)

Artículo 122.- Las resoluciones que se dicten durante el procedimiento arbitral admitirán como único recurso el de revocación, que deberá resolverse por el árbitro designado en un plazo no mayor de tres días. El laudo arbitral sólo estará sujeto a aclaración dentro de los dos días siguientes a la fecha de su notificación.

SECCIÓN CUARTA
PROCEDIMIENTOS POR INFRACCIONES A LA LEY

(REFORMADO PRIMER PÁRRAFO, D.O.F. 4 DE FEBRERO DE 2004)

Artículo 123.- Para determinar el incumplimiento de esta ley y en su caso para la imposición de las sanciones a que se refiere la misma, la Procuraduría notificará al presunto infractor de los hechos motivo del procedimiento y le otorgará un término de diez días hábiles para que rinda pruebas y manifieste por escrito lo que a su derecho convenga. En caso de no rendirlas, la Procuraduría resolverá conforme a los elementos de convicción de que disponga.

(ADICIONADO, D.O.F. 4 DE FEBRERO DE 2004)

Cuando la Procuraduría detecte violaciones a normas oficiales mexicanas e inicie el procedimiento a que se refiere este precepto en contra de un proveedor por la comercialización de bienes o productos que no cumplan con dichas normas, notificará también al fabricante, productor o importador de tales bienes o productos el inicio del procedimiento previsto en este artículo. La Procuraduría determinará las sanciones que procedan una vez concluidos los procedimientos en cuestión.

La Procuraduría admitirá las pruebas que estime pertinentes y procederá a su desahogo. Asimismo podrá solicitar del presunto infractor o de terceros las demás pruebas que estime necesarias.

Concluido el desahogo de las pruebas, la Procuraduría notificará al presunto infractor para que presente sus alegatos dentro de los dos días hábiles siguientes.

(REFORMADO, D.O.F. 4 DE FEBRERO DE 2004)

La Procuraduría resolverá dentro de los quince días hábiles siguientes.

Artículo 124.- La Procuraduría podrá solicitar al reclamante en los procedimientos conciliatorio o arbitral o, en su caso, al denunciante, aporten pruebas a fin de acreditar la existencia de violaciones a la ley.

(ADICIONADO, D.O.F. 4 DE FEBRERO DE 2004)

Artículo 124 Bis.- Para la sustanciación del procedimiento por infracciones a la ley a que se refiere el presente Capítulo, se aplicará supletoriamente lo dispuesto en la Ley Federal de Procedimiento Administrativo.

CAPÍTULO XIV
SANCIONES

Artículo 125.- Las infracciones a lo dispuesto en esta ley serán sancionadas por la Procuraduría.

(ACTUALIZADO EN SU MONTO, D.O.F. 21 DE DICIEMBRE DE 2023)

Artículo 126.- Las infracciones a lo dispuesto por los artículos 8 BIS, 11, 15, 16 y demás disposiciones que no estén expresamente mencionadas en los artículos 127 y 128, serán sancionadas con multa de $350.57 a $1'121,835.75.

(ACTUALIZADO EN SU MONTO, D.O.F. 21 DE DICIEMBRE DE 2023)

Artículo 127.- Las infracciones a lo dispuesto por los artículos 7 BIS, 13, 17, 18 BIS, 33, 34, 35, 36, 37, 38, 39, 40, 41, 42, 43, 45, 47, 48, 49, 50, 52, 53, 54, 55, 57, 58, 59, 60, 61, 62, 67, 68, 69, 70, 72, 75, 77, 78, 79, 81, 82, 85, 86 QUATER, 87 BIS, 90, 91, 93, 95 y 113 serán sancionadas con multa de $701.15 a $2'243,671.49.

(ACTUALIZADO EN SU MONTO, D.O.F. 21 DE DICIEMBRE DE 2023)

Artículo 128.- Las infracciones a lo dispuesto por los artículos 7, 8, 10, 10 BIS, 12, 44, 63, 63 Bis, 63 Ter, 63 Quintus, 65, 65 Bis, 65 Bis 1, 65 Bis 2, 65 Bis 3, 65 Bis 4, 65 Bis 5, 65 Bis 6, 65 Bis 7, 66, 73, 73 Bis, 73 Ter, 73 Quáter, 73 Quintus, 74, 76 Bis, 80, 86 Bis, 87, 87 Ter, 92, 92 Ter, 98 Bis, y 121 serán sancionadas con multa de $1,007.20 a $3'939,305.36.

(ACTUALIZADO EN SU MONTO, D.O.F. 21 DE DICIEMBRE DE 2023)

Artículo 128 Bis.- En casos particularmente graves, la Procuraduría podrá sancionar con clausura total o parcial, la cual podrá ser hasta de noventa días y con multa de $210,344.21 a $5'889,637.72. La clausura sólo se podrá imponer en el establecimiento en que se haya acreditado la irregularidad.

(REFORMADO, D.O.F. 15 DE DICIEMBRE DE 2011)

Las violaciones a lo establecido en el artículo 32 que se consideren particularmente graves conforme a lo establecido en el artículo 128 Ter de esta ley, serán sancionadas con la multa establecida en el párrafo anterior o bien con multa de hasta un 10% de los ingresos brutos anuales del infractor obtenidos por la comercialización del bien o los bienes, productos o servicios contenidos en la publicidad respectiva, correspondiente al último ejercicio fiscal en que se haya cometido la infracción, en caso de reincidencia.

(ADICIONADO, D.O.F. 4 DE FEBRERO DE 2004)

Artículo 128 Ter.- Se considerarán casos particularmente graves:

I. Aquellos en que de seguir operando el proveedor, se pudieran afectar los derechos e intereses de un grupo de consumidores;

II. Cuando la infracción de que se trate pudiera poner en peligro la vida, la salud o la seguridad de un grupo de consumidores;

III. Aquellas infracciones que se cometan en relación con bienes, productos o servicios que por la temporada o las circunstancias especiales del mercado afecten los derechos de un grupo de consumidores;

IV. Aquellas conductas que se cometan aprovechando la escasez, lejanía o dificultad en el abastecimiento de un bien o en la prestación de un servicio;

(REFORMADA, D.O.F. 19 DE AGOSTO DE 2010)

V. Cuando se trate de productos básicos de consumo generalizado, como alimentos, gas natural o licuado de petróleo, gasolina o productos sujetos a precio máximo o a precios o tarifas establecidos o registrados por la Secretaría o por cualquiera otra autoridad competente;

(ADICIONADA, D.O.F. 15 DE DICIEMBRE DE 2011)

VI. Cuando la información o publicidad relacionada con algún bien, producto o servicio que pudiendo o no ser verdadera, induzcan a error o confusión al consumidor por la forma falsa, exagerada, parcial, artificiosa o tendenciosa en que se presente;

(REFORMADA, D.O.F. 11 DE ENERO DE 2018)

VII. La reincidencia en la comisión de infracciones a los artículos señalados en el artículo 128 de esta ley;

(REFORMADA, D.O.F. 11 DE ENERO DE 2018)

VIII. Aquellas que vulneren los derechos contemplados en el Título Segundo de la Ley General de los Derechos de Niñas, Niños y Adolescentes;

(ADICIONADA, D.O.F. 11 DE ENERO DE 2018)

IX. Cuando exista cualquier diferencia entre el texto del contrato de adhesión registrado ante la Procuraduría Federal del Consumidor y el utilizado, en perjuicio de los consumidores;

(ADICIONADA, D.O.F. 11 DE ENERO DE 2018)

X. Aquellas conductas que vulneren las disposiciones de carácter general en materia de despachos de cobranza emitidas por la Procuraduría en términos del artículo 17 Bis 4 de la Ley para la Transparencia y Ordenamiento de los Servicios Financieros, y

(ADICIONADA, D.O.F. 11 DE ENERO DE 2018)

XI. Cuando la acreditación del cese de las causas que dieron origen a la imposición de la medida precautoria, se basen en documentación o información falsa o que no sea idónea para comprobar su regularización.

(ADICIONADO, D.O.F. 4 DE FEBRERO DE 2004)

Artículo 128 Quater.- Se sancionará con la prohibición de comercialización de bienes o productos, cuando habiendo sido suspendida ésta, se determine que no es posible su acondicionamiento, reproceso, reparación o sustitución, o bien cuando su comercialización no pueda realizarse conforme a las disposiciones de esta ley.

En el caso de lo dispuesto en el párrafo anterior, la Procuraduría podrá ordenar la destrucción de los bienes o productos que correspondan.

Tratándose de servicios, la prohibición de comercialización procederá cuando habiendo sido suspendida, no se garantice que su prestación pueda realizarse conforme a las disposiciones de esta ley.

(REFORMADO, D.O.F. 4 DE FEBRERO DE 2004)

Artículo 129.- En caso de reincidencia se podrá aplicar multa hasta por el doble de las cantidades señaladas en los artículos 126, 127, 128, 128 BIS, e inclusive arresto administrativo hasta por treinta y seis horas.

(ADICIONADO, D.O.F. 4 DE FEBRERO DE 2004)

Artículo 129 Bis.- La Procuraduría actualizará cada año por inflación los montos referidos en pesos en los artículos 25, 99, 117, 126, 127, 128, 128 BIS y 133 de esta ley. A más tardar el día 30 de diciembre de cada año, la Procuraduría publicará en el Diario Oficial de la Federación los montos actualizados que estarán vigentes en el siguiente año calendario.

Para estos efectos, la Procuraduría se basará en la variación observada en el valor del Índice Nacional de Precios al Consumidor, publicado por el Banco de México entre la última actualización de dichos montos y el mes de noviembre del año en cuestión.

(REFORMADO, D.O.F. 11 DE ENERO DE 2018)

Artículo 130.- Se entiende que existe reincidencia cuando el mismo infractor incurra en dos o más violaciones del mismo precepto legal durante el transcurso de tres años, contados a partir del día en que se cometió la primera infracción, y cuyos procedimientos de infracciones a la Ley sean sustanciados en la misma unidad administrativa de la Procuraduría, dentro de su competencia territorial.

Artículo 131.- Las sanciones por infracciones a esta ley y disposiciones derivadas de ellas, serán impuestas indistintamente con base en:

I. Las actas levantadas por la autoridad;

II. Los datos comprobados que aporten las denuncias de los consumidores;

III. La publicidad o información de los proveedores y la comprobación de las infracciones; o

(REFORMADA, D.O.F. 29 DE ENERO DE 2009)

IV. Cualquier otro elemento o circunstancia que sirva como prueba para determinar el incumplimiento u omisión para aplicar la sanción.

Las resoluciones que emita la Procuraduría deberán estar debidamente fundadas y motivadas con arreglo a derecho, tomando en consideración los criterios establecidos en el presente ordenamiento.

(REFORMADO, D.O.F. 4 DE FEBRERO DE 2004)

Artículo 132.- La Procuraduría determinará las sanciones conforme a lo dispuesto en esta ley y su reglamento, considerando como base la gravedad de la infracción y tomando en cuenta los siguientes elementos:

I. El perjuicio causado al consumidor o a la sociedad en general;

II. El carácter intencional de la infracción;

III. Si se trata de reincidencia, y

IV. La condición económica del infractor.

Asimismo, la Procuraduría deberá considerar los hechos generales de la infracción a fin de tener los elementos que le permitan expresar pormenorizadamente los motivos que tenga para determinar el monto de la multa en una cuantía específica.

(REFORMADO PRIMER PÁRRAFO, D.O.F. 19 DE AGOSTO DE 2010)

Artículo 133.- En ningún caso será sancionado el mismo hecho constitutivo de la infracción en dos o más ocasiones, ni por dos o más autoridades administrativas, excepto en el caso de reincidencia o cuando se afecten derechos de la infancia, adultos mayores, personas con discapacidad e indígenas.

(ACTUALIZADO EN SU MONTO, D.O.F. 21 DE DICIEMBRE DE 2023)

Cuando por un mismo hecho u omisión se cometan varias infracciones a las que esta ley imponga una sanción, el total de las mismas no deberá rebasar de $11'779,275.40.

(REFORMADO, D.O.F. 28 DE ENERO DE 2011)

Artículo 134.- La autoridad que haya impuesto alguna de las sanciones previstas en esta ley la podrá condonar, reducir o conmutar, para lo cual apreciará las circunstancias del caso, las causas que motivaron su imposición, así como la medida en que la reclamación del consumidor haya quedado satisfecha, sin que la petición del interesado constituya un recurso. Excepcionalmente procederá la condonación, reducción o conmutación de las multas que se hayan impuesto como medidas de apremio, cuando se hubiere logrado una conciliación en favor del consumidor y se acredite fehacientemente el cumplimiento del convenio correspondiente.

(REFORMADO, D.O.F. 11 DE ENERO DE 2018)

La autoridad no podrá ejercer la facultad referida en el párrafo anterior, una vez que las multas hayan sido remitidas para su cobro, y tampoco cuando se trate de sanciones impuestas con motivo de los procedimientos de verificación y vigilancia del cumplimiento de esta ley y demás disposiciones aplicables.

(ADICIONADO, D.O.F. 11 DE ENERO DE 2018)

Artículo 134 Bis.- Las multas que imponga la Procuraduría serán consideradas créditos fiscales y se ejecutarán por ésta en su carácter de autoridad fiscal bajo el Procedimiento Administrativo de Ejecución previsto en el Código Fiscal de la Federación y su Reglamento.

La Procuraduría deberá implementar mecanismos para el pago de multas a través del uso de medios electrónicos, ópticos o de cualquier otra tecnología.

Cuando el infractor pague las multas impuestas dentro de los treinta días hábiles siguientes a la fecha de su notificación, se aplicará una reducción de un cincuenta por ciento de su monto, siempre y cuando no se hubiere interpuesto medio de defensa alguno en contra de dicha multa.

CAPÍTULO XV
RECURSOS ADMINISTRATIVOS

(REFORMADO, D.O.F. 4 DE FEBRERO DE 2004)

Artículo 135.- En contra de las resoluciones de la Procuraduría dictadas con fundamento en las disposiciones de esta ley y demás derivadas de ella, se podrá interponer recurso de revisión, en los términos de la Ley Federal de Procedimiento Administrativo.

Artículo 136.- (DEROGADO, D.O.F. 4 DE FEBRERO DE 2004)

Artículo 137.- (DEROGADO, D.O.F. 4 DE FEBRERO DE 2004)

Artículo 138.- (DEROGADO, D.O.F. 4 DE FEBRERO DE 2004)

Artículo 139.- (DEROGADO, D.O.F. 4 DE FEBRERO DE 2004)

Artículo 140.- (DEROGADO, D.O.F. 4 DE FEBRERO DE 2004)

Artículo 141.- (DEROGADO, D.O.F. 4 DE FEBRERO DE 2004)

Artículo 142.- (DEROGADO, D.O.F. 4 DE FEBRERO DE 2004)

Artículo 143.- (DEROGADO, D.O.F. 4 DE FEBRERO DE 2004)

TRANSITORIOS

Primero.- La presente ley entrará en vigor al día siguiente de su publicación en el Diario Oficial de la Federación.

Segundo.- Se abroga la Ley Federal de Protección al Consumidor publicada en el Diario Oficial de la Federación el 22 de diciembre de 1975 y sus reformas y se derogan todas las disposiciones que se opongan a lo dispuesto en esta ley. Quedarán vigentes los reglamentos expedidos en términos de la ley que se abroga en lo que no se opongan a la presente ley.

Tercero.- Las funciones que cualquier ordenamiento encomiende al Instituto Nacional del Consumidor, se entenderán atribuidas a la Procuraduría Federal del Consumidor.

Cuarto.- El patrimonio del Instituto Nacional del Consumidor, así como la totalidad de los recursos financieros, humanos y materiales asignados al mismo, se transfieren a la Procuraduría Federal del Consumidor.

Quinto.- Los procedimientos y recursos iniciados antes de la vigencia de la presente ley, se seguirán hasta su conclusión definitiva, por y ante la autoridad que ordenó el acto o impuso la sanción de acuerdo con la ley que se abroga.

México, D.F., a 18 de diciembre de 1992.- Dip. Salvador Abascal Carranza, Presidente.- Sen. Carlos Sales Gutiérrez, Presidente.- Dip. Luis Pérez Díaz, Secretario.- Sen. Roberto Suárez Nieto, Secretario.- Rúbricas."

En cumplimiento de lo dispuesto por la fracción I del Artículo 89 de la Constitución Política de los Estados Unidos Mexicanos y para su debida publicación y observancia, expido el presente Decreto en la residencia del Poder Ejecutivo Federal, en la Ciudad de México, Distrito Federal, a los veintidós días del mes de diciembre de mil novecientos noventa y dos.- Carlos Salinas de Gortari.- Rúbrica.- El Secretario de Gobernación, Fernando Gutiérrez Barrios.- Rúbrica.

REGLAMENTO DE LA PROCURADURÍA FEDERAL DEL CONSUMIDOR

TEXTO ORIGINAL

Reglamento publicado en el Diario Oficial de la Federación, el lunes 30 de diciembre de 2019.

Al margen un sello con el Escudo Nacional, que dice: Estados Unidos Mexicanos.- Presidencia de la República.

ANDRÉS MANUEL LÓPEZ OBRADOR, Presidente de los Estados Unidos Mexicanos, en ejercicio de la facultad que me confiere el artículo 89, fracción I de la Constitución Política de los Estados Unidos Mexicanos, y con fundamento en los artículos 13 y 34 de la Ley Orgánica de la Administración Pública Federal y 20 y 22 de la Ley Federal de Protección al Consumidor, he tenido a bien expedir el siguiente

REGLAMENTO DE LA PROCURADURÍA FEDERAL DEL CONSUMIDOR

CAPÍTULO I
DISPOSICIONES GENERALES

Artículo 1.- Este Reglamento tiene por objeto establecer la organización de la Procuraduría Federal del Consumidor, para el ejercicio de las atribuciones que le confieren la Ley Federal de Protección al Consumidor y otras disposiciones legales aplicables.

Artículo 2.- Para los efectos de este ordenamiento se entiende por:

I. Director de Zona: El titular de la Oficina de Defensa del Consumidor;

II. Estatuto Orgánico: El Estatuto Orgánico de la Procuraduría Federal del Consumidor;

III. Ley: la Ley Federal de Protección al Consumidor;

IV. ODECO: Oficinas de Defensa del Consumidor;

V. Procurador: el Procurador Federal del Consumidor;

VI. Procuraduría: la Procuraduría Federal del Consumidor;

VII. Reglamento: el Reglamento de la Procuraduría Federal del Consumidor, y

VIII. Secretaría: la Secretaría de Economía.

Artículo 3.- La Procuraduría se organizará de manera desconcentrada para el despacho de los asuntos a su cargo. Para tal efecto, contará con oficinas centrales y demás unidades administrativas que estime convenientes, en los términos de este Reglamento y su Estatuto Orgánico.

Artículo 4.- La Procuraduría contará con las siguientes unidades administrativas:

I. Oficina del Procurador;

II. Subprocuraduría de Servicios;

III. Subprocuraduría de Verificación y Defensa de la Confianza;

IV. Subprocuraduría Jurídica;

V. Subprocuraduría de Telecomunicaciones;

VI. Coordinación General de Educación y Divulgación;

VII. Coordinación General de Administración;

VIII. Dirección General de Información Institucional y Vinculación Social;

IX. Dirección General de Planeación y Evaluación;

X. Dirección General de Oficinas de Defensa del Consumidor;

XI. Dirección General de Quejas y Conciliación;

XII. Dirección General de Contratos de Adhesión, Registros y Autofinanciamiento;

XIII. Dirección General de Procedimientos;

XIV. Dirección General de Verificación y Defensa de la Confianza;

XV. Dirección General de Verificación y Defensa de la Confianza de Combustibles;

XVI. Dirección General de Laboratorio Nacional de Protección al Consumidor;

XVII. Dirección General Jurídica Consultiva;

XVIII. Dirección General de lo Contencioso y de Recursos;

XIX. Dirección General de Protección al Consumidor de Telecomunicaciones;

XX. Dirección General de Procedimientos y Análisis Publicitario de Telecomunicaciones;

XXI. Dirección General de Defensa Colectiva y Contratos de Adhesión de Telecomunicaciones;

XXII. Dirección General de Estudios sobre Consumo;

XXIII. Dirección General de Difusión;
XXIV. Dirección General de Programación, Organización y Presupuesto;
XXV. Dirección General de Recursos Materiales y Servicios Generales;
XXVI. Dirección General de Recursos Humanos;
XXVII. Dirección General de Informática;
XXVIII. Dirección General de Procedimiento Administrativo de Ejecución, y
XXIX. ODECO.

Al frente de cada una de las referidas unidades administrativas existirá un titular, que será nombrado Subprocurador, Coordinador General, Director General o Director de Zona, según corresponda, y tendrá las facultades que determinen este Reglamento y el Estatuto Orgánico.

A efecto de coadyuvar en la realización de las atribuciones de las Direcciones Generales, existirán Direcciones de Área y Subdirecciones de Área, cuya denominación y atribuciones se establecerán en el Estatuto Orgánico que expedirá el Procurador en los términos previstos por el artículo 27, fracción X de la Ley. También existirán Jefaturas de Departamento, cuyas atribuciones se describirán en los manuales de organización y procedimientos internos de la Procuraduría.

La Procuraduría también contará con conciliadores, secretarios arbitrales, abogados resolutores, dictaminadores, verificadores de telecomunicaciones, defensores de la confianza, ejecutores, notificadores, peritos, promotores, instructores, receptores de quejas y demás servidores públicos que determine el Procurador, de acuerdo con las disposiciones presupuestales aplicables.

Artículo 5.- En la Procuraduría existirá un Órgano Interno de Control, cuyo titular será designado en los términos del artículo 37, fracción XII de la Ley Orgánica de la Administración Pública Federal, quien en el ejercicio de sus facultades se auxiliará de los titulares de las áreas de responsabilidades, quejas y auditoría, así como demás personal adscrito a dicha unidad administrativa, quienes dependerán jerárquica, funcional y presupuestalmente de la Secretaría de la Función Pública.

Dichos servidores públicos, ejercerán las facultades que tengan atribuidas en la Constitución Política de los Estados Unidos Mexicanos, en la Ley Orgánica de la Administración Pública Federal, en la Ley General de Responsabilidades Administrativas y en el Reglamento Interior de la Secretaría de la Función Pública, así como en los demás ordenamientos jurídicos aplicables.

La Procuraduría proporcionará al Órgano Interno de Control el auxilio que requiera para el desempeño de sus atribuciones.

Las ausencias de los titulares del Órgano Interno de Control, de las áreas de responsabilidades, quejas y auditoría, serán suplidas en términos de lo dispuesto en el Reglamento Interior de la Secretaría de la Función Pública.

Artículo 6.- Para efectos de planeación, coordinación, control, seguimiento y evaluación de acciones, se adscribirán a la Oficina del Procurador, a la Subprocuraduría o a la Coordinación General respectiva, las unidades administrativas a que se refiere el artículo 4 del Reglamento, en sus fracciones de la VIII a la XXIX, en los términos siguientes:

I. A la Subprocuraduría de Servicios, estarán adscritas las Direcciones Generales de Quejas y Conciliación; la de Contratos de Adhesión, Registros y Autofinanciamiento, y la de Procedimientos;

II. A la Subprocuraduría de Verificación y Defensa de la Confianza, estarán adscritas las Direcciones Generales de Verificación y Defensa de la Confianza; Verificación y Defensa de la Confianza de Combustibles, y la de Laboratorio Nacional de Protección al Consumidor;

III. A la Subprocuraduría Jurídica, estarán adscritas las Direcciones Generales Jurídica Consultiva, y la de lo Contencioso y de Recursos;

IV. A la Subprocuraduría de Telecomunicaciones, estarán adscritas las Direcciones Generales de Protección al Consumidor de Telecomunicaciones; de Procedimientos y Análisis Publicitario de Telecomunicaciones, y la de Defensa Colectiva y Contratos de Adhesión de Telecomunicaciones;

V. A la Coordinación General de Educación y Divulgación, estarán adscritas las Direcciones Generales de Difusión y la de Estudios sobre Consumo;

VI. A la Coordinación General de Administración, estarán adscritas las Direcciones Generales de Programación, Organización y Presupuesto; de Recursos Humanos; de Recursos Materiales y Servicios Generales; de Informática, y la de Procedimiento Administrativo de Ejecución;

VII. Estarán adscritas directamente al Procurador, las Direcciones Generales de Información Institucional y Vinculación Social; de Planeación y Evaluación, y la de Oficinas de Defensa del Consumidor, y

VIII. Las ODECO ejercerán sus funciones en forma desconcentrada y estarán adscritas directamente al Procurador, quienes se auxiliarán para tal fin de la Dirección General de Oficinas de Defensa del Consumidor.

Artículo 7.- La adscripción y organización interna de las unidades administrativas de la Procuraduría, así como la distribución de las atribuciones previstas en la Ley entre dichas unidades que no se señalen en este Reglamento, estarán a lo señalado en el penúltimo párrafo del artículo 4 del mismo.

Artículo 8.- En los casos de ausencia, los servidores públicos adscritos a la Procuraduría, serán suplidos de la siguiente manera:

I. El Procurador, por el Subprocurador Jurídico, el Subprocurador de Servicios, el Subprocurador de Verificación y Defensa de la Confianza, el Subprocurador de Telecomunicaciones, el Coordinador General de Educación y Divulgación y por el Coordinador General de Administración, en el orden indicado;

II. Los Subprocuradores y Coordinadores Generales, por los Directores Generales de su adscripción conforme a la materia que corresponda o por el servidor público que determine el Procurador;

III. Los Directores Generales, por los inmediatos inferiores jerárquicos, según la competencia de cada uno de ellos, o por quien determine el Procurador, el Subprocurador o el Coordinador General que corresponda;

IV. Los Directores de Zona, por el Jefe de Departamento que corresponda conforme a su competencia, o por el servidor público que determine el Procurador o el Director General de Oficinas de Defensa del Consumidor;

V. Los Directores de Área y Subdirectores de Área, por los inmediatos inferiores jerárquicos según la competencia de cada uno de ellos, o por quien determine el Subprocurador, el Coordinador General, o el Director General que corresponda, y

VI. Los Jefes de Departamento, por quien determine el Subprocurador, el Coordinador General, el Director General, el Director de Zona, el Director de Área o Subdirector de Área que corresponda.

CAPÍTULO II
DEL PROCURADOR

Artículo 9.- De conformidad con el artículo 27 y demás disposiciones relativas de la Ley, la representación, atención, trámite y resolución de los asuntos que competan a la Procuraduría, corresponden al Procurador, quien para su mejor ejecución y desahogo podrá delegar atribuciones en servidores públicos subalternos, sin perjuicio de su ejercicio directo, de acuerdo con lo que establece este Reglamento y el Estatuto Orgánico de la Institución, mediante acuerdos que se publicarán en el Diario Oficial de la Federación.

Además de las atribuciones señaladas en la Ley, el Procurador tiene las siguientes facultades, las cuales tienen el carácter de indelegables:

I. Proponer al Titular del Ejecutivo Federal, por conducto de la Secretaría, los anteproyectos de iniciativas de leyes, reglamentos, decretos, acuerdos y demás ordenamientos normativos, cuyas disposiciones se relacionen con las materias que competen a la Procuraduría;

II. Proponer a la Secretaría, la política de protección al consumidor;

III. Expedir manuales de organización, de procedimientos y de servicios al público, así como los acuerdos y demás lineamientos y criterios necesarios para el funcionamiento de la Procuraduría;

IV. Adscribir orgánicamente las unidades administrativas previstas en este Reglamento;

V. Establecer los criterios para imponer, condonar, reducir, modificar o conmutar las multas previstas en la Ley, a fin de preservar la equidad en términos de lo dispuesto por la propia Ley;

VI. Resolver los recursos interpuestos en contra de actos y resoluciones definitivas, emitidos por los servidores públicos subalternos directos;

VII. Modificar o revocar, en beneficio del proveedor, de manera discrecional, por una sola ocasión, aquellas resoluciones administrativas de carácter individual no favorables a un particular, emitidas por los Subprocuradores, cuando se demuestre fehacientemente que las mismas se hubieren emitido en contravención a las disposiciones jurídicas aplicables, siempre y cuando dicho proveedor no hubiere interpuesto medio de defensa alguno y hubieren transcurrido los plazos para presentarlo, y

VIII. Las demás que le otorguen otros ordenamientos jurídicos.

CAPÍTULO III
DE LOS SUBPROCURADORES Y COORDINADORES GENERALES

Artículo 10.- Los Subprocuradores y los Coordinadores Generales, dentro del ámbito de sus respectivas competencias, tienen las siguientes facultades:

I. Planear, coordinar, controlar, dar seguimiento y evaluar las acciones en las unidades administrativas bajo su adscripción, y supervisar que las operaciones que se efectúen en las ODECO, correspondientes a su competencia, se lleven a cabo de conformidad con los programas y lineamientos normativos aplicables;

II. Administrar los recursos presupuestales que para el cumplimiento de sus funciones le sean asignados, conforme a las leyes y reglamentos correspondientes;

III. Coordinar sus acciones con las otras Subprocuradurías y Coordinaciones Generales, para el mejor desarrollo de las facultades que les han sido conferidas;

IV. Acordar con el Procurador el despacho de los asuntos encomendados a las unidades administrativas bajo su adscripción e informarle oportunamente sobre los mismos;

V. Someter a la aprobación del Procurador los estudios y demás proyectos que elaboren las unidades administrativas a su cargo;

VI. Intervenir en la elaboración de anteproyectos de leyes, reglamentos, decretos, acuerdos y demás ordenamientos jurídicos y en aquéllos que les encomiende el Procurador;

VII. Proponer al Procurador, previa opinión de la Subprocuraduría Jurídica, lineamientos y criterios sobre el ejercicio de las atribuciones encomendadas a las unidades administrativas de su adscripción, así como sobre aquéllas que, estando dentro de su competencia, sean ejercidas en forma desconcentrada por las ODECO;

VIII. Vigilar que se cumpla estrictamente con los ordenamientos jurídicos, así como con los lineamientos y criterios que se emitan sobre los mismos, en todos los asuntos de su competencia;

IX. Promover la coordinación, colaboración y concertación de la Procuraduría con otras dependencias y entidades del sector público, con organismos privados, y con proveedores, consumidores y sus organizaciones, para lograr los fines que establece la Ley, así como celebrar convenios y demás instrumentos jurídicos, dentro de sus respectivos ámbitos de competencia, previo acuerdo del Procurador y dictamen de la Subprocuraduría Jurídica;

X. Dar a conocer a las unidades bajo su adscripción, las resoluciones y acuerdos del Procurador y los que emitan en ejercicio de sus facultades;

XI. Expedir copias certificadas de expedientes y documentos que se encuentren en los archivos de las unidades administrativas bajo su adscripción;

XII. Autorizar los programas de capacitación que presenten, en el ámbito de su competencia, las unidades administrativas bajo su adscripción y proponerlos al Coordinador General de Administración para su incorporación en los programas de capacitación de la Procuraduría y, en su caso, participar en su desarrollo;

XIII. Enviar a la Dirección General de Programación, Organización y Presupuesto los informes sobre el ejercicio del presupuesto y los avances en la ejecución de sus programas, así como la información contable y bancaria correspondiente;

XIV. Proponer al Coordinador General de Administración los precios y tarifas de los bienes y servicios que ofrecen al público a través de las unidades administrativas de su adscripción y, en su caso, su actualización;

XV. Someter a la aprobación del Procurador nuevos o mejores sistemas y mecanismos que faciliten a los consumidores el acceso a bienes y servicios en mejores condiciones de mercado y promover su aplicación;

XVI. Requerir a los proveedores o a las autoridades competentes a que tomen medidas adecuadas para combatir, detener, modificar o evitar todo género de prácticas que lesionen los intereses de los consumidores y, cuando lo considere pertinente, publicar en cualquier medio dicho requerimiento;

XVII. Recopilar, elaborar, procesar y divulgar información objetiva para facilitar al consumidor un mejor conocimiento de los bienes y servicios que se ofrecen en el mercado;

XVIII. Publicar, a través de cualquier medio, los productos y servicios que, con motivo de sus verificaciones y los demás procedimientos previstos por la Ley, sean detectados como riesgosos o en incumplimiento a las disposiciones jurídicas aplicables, y

XIX. Las demás que le confieran otras disposiciones jurídicas en el ámbito de su competencia, así como aquellas funciones que les encomiende el Procurador.

Artículo 11.- Los Subprocuradores tienen, en el ámbito de sus respectivas competencias, además de las facultades señaladas en el artículo anterior, las siguientes:

I. Conocer y analizar, en la materia de su competencia, los hechos que pudieran situarse en los supuestos previstos en los artículos 24, fracción XVII y 26 de la Ley, y solicitar la intervención que corresponda respecto de este último artículo a la Subprocuraduría Jurídica y a la Subprocuraduría de Telecomunicaciones;

II. Requerir de las autoridades, los proveedores y los consumidores, la información que le sea necesaria para ejercer las atribuciones que le confieren la

Ley y otros ordenamientos legales a la Procuraduría, así como para sustanciar los procedimientos respectivos;

III. Ordenar las medidas precautorias previstas por la Ley, aplicar las medidas de apremio e imponer las sanciones que correspondan de acuerdo a la Ley y a otras leyes, en el ámbito de su competencia, así como adoptar las medidas necesarias para su ejecución;

IV. Suscribir los actos, resoluciones y demás documentos que les correspondan en términos de lo dispuesto por la Ley, los ordenamientos legales aplicables y, en su caso, los lineamientos que expida la Subprocuraduría Jurídica, así como ordenar los trámites conducentes para la sustanciación de los procedimientos correspondientes;

V. Condonar, reducir o conmutar las multas impuestas por autoridades de la Procuraduría, lo anterior, conforme a lo dispuesto en la fracción VII del artículo 27 y demás aplicables de la Ley y, en los criterios que determine el Procurador, referidos en la fracción V del artículo 9 del presente Reglamento;

VI. Colaborar con las autoridades y organismos competentes en el desarrollo de actividades y programas gubernamentales que tengan por objeto lograr la eficaz protección de los intereses del consumidor;

VII. Resolver los recursos interpuestos en contra de actos y resoluciones definitivas, emitidos por los servidores públicos subalternos directos;

VIII. Modificar o revocar de oficio aquellas resoluciones administrativas de carácter individual no favorables a un particular, emitidas por sus subordinados jerárquicos, cuando se demuestre fehacientemente que las mismas se hubieren emitido en contravención a las disposiciones aplicables, previa opinión de la Subprocuraduría Jurídica y acuerdo con el Procurador;

IX. Participar en actividades de metrología, normalización y evaluación de la conformidad, y

X. Hacer uso de medios electrónicos, ópticos o de cualquier otra tecnología en la sustanciación y resolución de los procedimientos y recursos a su cargo, sin que ello impida que se puedan realizar mediante la atención presencial de los mismos.

Artículo 12.- El Subprocurador de Servicios tiene las siguientes facultades:

I. Vigilar, coordinar, controlar y, en su caso, sustanciar y resolver los procedimientos de conciliación, de arbitraje y de infracciones a la Ley, dentro de la competencia de las unidades administrativas que se le adscriban;

II. Vigilar, coordinar, controlar y, en su caso, sustanciar y resolver los procedimientos que deriven de ordenamientos legales diferentes a la Ley, que sean de competencia de la Procuraduría, dentro de las atribuciones de las unidades administrativas que se le adscriban;

III. Coordinar, instrumentar, vigilar y controlar los procedimientos relativos a la revisión, modificación, registro, suspensión del uso y cancelación de los modelos de contratos de adhesión y de estados de cuenta, así como suspensión de otras actividades, previstos en la Ley y en otros ordenamientos legales aplicables;

IV. Coordinar, instrumentar, vigilar y controlar los procedimientos relativos a las solicitudes de inscripción, cancelación, consulta, renovación, actualización y denuncias, relacionadas con el registro público de consumidores que no deseen que su información sea utilizada para fines mercadotécnicos o publicitarios;

V. Monitorear y evaluar la información o publicidad relativa a bienes, productos y servicios que se difunda por cualquier medio de comunicación y, en su caso, ordenar la suspensión o corrección de aquélla que viole las disposiciones de la ley y de otros ordenamientos legales que otorguen competencia a la Procuraduría, así como aplicar las sanciones correspondientes;

VI. Coordinar y convenir acciones de protección al consumidor con proveedores, instituciones y organizaciones de los sectores público, social y privado;

VII. Procurar la solución de las diferencias que se susciten entre consumidores y proveedores conforme a los procedimientos establecidos en la Ley;

VIII. Resolver y emitir laudos arbitrales, sin perjuicio de las atribuciones que al respecto correspondan a otros servidores públicos;

IX. Vigilar que las transacciones efectuadas a través del uso de medios electrónicos, ópticos o de cualquier otra tecnología, se realicen en los términos del Capítulo VIII BIS de la Ley;

X. Publicar en el sitio web de la Procuraduría la lista de los proveedores que hayan inscrito su contrato de adhesión en el Registro Público de Contratos de Adhesión;

XI. Coordinar, instrumentar, vigilar y controlar el Registro de Políticas de Compensación por Demoras y Retrasos de Vuelos atribuibles a los Concesionarios o Permisionarios del Transporte Aéreo de Pasajeros, conforme a lo previsto en la Ley, la Ley de Aviación Civil y el Capítulo IX del Reglamento de la Ley Federal de Protección al Consumidor, y

XII. Emitir alertas dirigidas a los consumidores y dar a conocer las de otras autoridades o agencias sobre productos o prácticas en el abastecimiento de bienes, productos o servicios, defectuosos, dañinos o que pongan en riesgo la vida, la salud, la seguridad o la economía del consumidor, así como ordenar y difundir llamados a revisión de bienes o productos cuando presenten defectos o daños que ameriten ser corregidos, reparados o reemplazados, cuando los proveedores hayan informado esta circunstancia a la Procuraduría y, dar a conocer las alertas y llamados a revisión que, en su caso, emitan otras autoridades.

Artículo 13.- El Subprocurador de Verificación y Defensa de la Confianza tiene las siguientes facultades:

I. Ejercer las funciones de verificación y vigilancia que prevé la Ley;

II. Vigilar, coordinar y controlar los procedimientos de verificación y vigilancia, así como aquéllos que se inicien con motivo de infracciones a la Ley, dentro de la competencia de las unidades administrativas que se le adscriban;

III. Proponer al Procurador, previo dictamen de la Subprocuraduría Jurídica, los lineamentos y criterios, en el ámbito de su competencia, en materia de bonificación o compensación a que se refiere la Ley y para el ejercicio de las atribuciones previstas en los artículos 24, fracción XXI, 92 último párrafo y 98 BIS de la Ley y vigilar su cumplimiento;

IV. Ordenar, de oficio o a petición de parte, la verificación y vigilancia, en los términos previstos en la Ley y en el ámbito de su competencia, el cumplimiento de las disposiciones contenidas en la Ley Federal sobre Metrología y Normalización, en las normas que se derivan de ésta y en las demás disposiciones legales, reglamentarias y normativas aplicables en el ámbito de competencia de la Procuraduría;

V. Comisionar a los servidores públicos que practicarán las visitas de verificación y vigilancia, a efecto de que actúen de manera individual o conjunta;

VI. Proponer al Procurador, los criterios y requisitos para la expedición de credenciales del personal que participe en diligencias de verificación y, en su caso, expedirlas;

VII. Formular y coordinar el establecimiento de mecanismos de colaboración de proyectos de investigación específicos;

VIII. Emitir lineamientos en materia de investigación, pruebas y análisis que desarrolle la Dirección General de Laboratorio Nacional de Protección al Consumidor;

IX. Ordenar, en los términos de la Ley y en el ámbito de su competencia, la verificación y vigilancia de la publicidad e información relativas a bienes, productos y servicios que se difundan en aquellos lugares a que se refiere el artículo 96 de la Ley y ordenar también, en su caso, la suspensión o corrección de dicha publicidad o información, y

X. Emitir alertas dirigidas a los consumidores y dar a conocer las de otras autoridades o agencias sobre productos o prácticas en el abastecimiento de bienes, productos o servicios, defectuosos, dañinos o que pongan en riesgo la vida, la salud, la seguridad o la economía del consumidor, así como ordenar y difundir llamados a revisión de bienes o productos cuando presenten defectos o daños que ameriten ser corregidos, reparados o reemplazados, cuando los proveedores hayan informado esta circunstancia a la Procuraduría y, dar a conocer las alertas y llamados a revisión que, en su caso, emitan otras autoridades.

Artículo 14.- El Subprocurador Jurídico tiene las siguientes facultades:

I. Prestar la consultoría jurídica en la Procuraduría;

II. Coordinar y vigilar en la Procuraduría los procedimientos relativos al Registro Único de Personas Acreditadas de la Administración Pública Federal y fungir como habilitador y ventanilla en los términos de la normativa correspondiente;

III. Revisar y dictaminar los proyectos jurídico-normativos que propongan las unidades administrativas de la Procuraduría conforme al ámbito de su competencia;

IV. Presentar, para la consideración del Procurador, los anteproyectos de iniciativas de leyes relacionados con la actividad de la Procuraduría, así como los anteproyectos de reglamentos y de los proyectos del Estatuto Orgánico y demás disposiciones jurídicas y normativas necesarias para la aplicación de la Ley y para el mejor cumplimiento de las atribuciones y obligaciones de la Procuraduría;

V. Emitir los lineamientos para la elaboración de los contratos, convenios y otros instrumentos jurídicos en los que la Procuraduría sea parte y, coordinar y vigilar su revisión y validación;

VI. Representar a la Procuraduría y al Procurador en toda clase de procedimientos administrativos, judiciales, contencioso administrativos y laborales, derivados del ejercicio de sus facultades; instrumentar y rendir informes en materia de amparo, así como coordinar y vigilar la defensa del interés jurídico y actos de autoridad de la Procuraduría;

VII. Suscribir, en ausencia del Procurador, informes previos y justificados, proponer y aportar pruebas, expresar alegatos e interponer recursos en los juicios de amparo en que aquél sea parte;

VIII. Ejercer, ante los tribunales competentes las acciones que correspondan a la Procuraduría, así como hacer valer toda clase de derechos, excepciones y defensas en cualquier procedimiento;

IX. Representar individualmente o en grupo a los consumidores ante proveedores, autoridades administrativas y jurisdiccionales y ejercer las acciones que correspondan en los términos de la Ley;

X. Denunciar o formular querella ante el Ministerio Público de los hechos que puedan ser constitutivos de delitos y sean del conocimiento de la Procuraduría y, ante las autoridades competentes, los actos que constituyan violaciones administrativas que afecten los intereses de los consumidores;

XI. Emitir los lineamientos y criterios conforme a los cuales deberán sustanciarse y resolverse los recursos de revisión;

XII. Representar a la Procuraduría ante los organismos de defensa de los Derechos Humanos;

XIII. Fungir como enlace de la Procuraduría para la tramitación y atención de los asuntos relacionados con la Comisión Nacional de Mejora Regulatoria;

XIV. Coordinar las actividades de carácter internacional en materia de protección al consumidor, mediante acciones de cooperación con entidades homólogas extranjeras para el intercambio de información y la incorporación de mejores prácticas internacionales, vigilando se dé seguimiento a los Memorándums de Entendimiento con las mismas, así como promover y fortalecer la presencia de la Procuraduría en reuniones y foros bilaterales y multilaterales, y

XV. Coadyuvar con el titular de la Coordinación General de Administración, en la elaboración de los proyectos de las resoluciones que deban recaer a los recursos de revocación que se interpongan en contra de los actos y resoluciones definitivas emitidas por la Dirección General de Procedimiento Administrativo de Ejecución.

Artículo 15.- El Subprocurador de Telecomunicaciones tiene las siguientes facultades:

I. Vigilar, coordinar, controlar y, en su caso, sustanciar y resolver los procedimientos de conciliación, de arbitraje y de infracciones a la Ley, en materia de telecomunicaciones, y cualquier otro procedimiento en la materia que derive de ordenamientos legales diferentes a la Ley, dentro de la competencia de las unidades administrativas que se le adscriban;

II. Proponer al Procurador los derechos mínimos de los consumidores que deben incluirse en la carta a que se refiere el párrafo cuarto del artículo 191 de la Ley Federal de Telecomunicaciones y Radiodifusión, así como coordinar sus acciones con el Instituto Federal de Telecomunicaciones para actualizar dichos derechos y difundirlos a través de los medios de comunicación que estime pertinente;

III. Proponer al Procurador, previo dictamen de la Subprocuraduría Jurídica, los lineamientos y criterios para la verificación y vigilancia en el ámbito de su competencia, para el cumplimiento de la Ley, de la Ley Federal de Telecomunicaciones y Radiodifusión, de la Ley Federal sobre Metrología y Normalización, así como de las demás disposiciones jurídicas aplicables y supervisar su observancia;

IV. Coordinar y convenir acciones de protección al consumidor en materia de telecomunicaciones con proveedores, instituciones y organizaciones de los sectores público, social y privado;

V. Procurar la solución de las diferencias que se susciten entre consumidores y proveedores, conforme a los procedimientos establecidos en la Ley, en materia de telecomunicaciones;

VI. Resolver y emitir laudos arbitrales en el ámbito de su competencia, sin perjuicio de las facultades que al respecto correspondan a otros servidores públicos de la Procuraduría;

VII. Coordinar, instrumentar, vigilar y controlar los procedimientos relativos a la revisión, modificación, registro, publicación, suspensión del uso y cancelación de los contratos de adhesión y sus modelos, y de estados de cuenta, así como suspensión de otras actividades, previstos en la Ley, en la Ley Federal de Telecomunicaciones y Radiodifusión y en otros ordenamientos legales aplicables;

VIII. Verificar, en el caso de cancelación anticipada del contrato de adhesión por parte del consumidor y de suspensión temporal del servicio por falta de pago, que los pagos de saldos insolutos o no devengados de equipos, así como de los cobros de reconexión por suspensión sean razonables y proporcionales al cumplimiento de la obligación respectiva;

IX. Verificar, mediante el registro del modelo del contrato de adhesión, que los consumidores puedan celebrar y cancelar los contratos de adhesión, mediante mecanismos expeditos, incluidos los medios electrónicos, y que en dichos modelos se establezcan penas razonables en caso de cancelación anticipada por parte del consumidor, y de suspensión temporal del servicio por falta de pago;

X. Representar los intereses de los consumidores mediante las acciones que procedan, cuando derivado del ejercicio de sus facultades se detecte que los contratos de adhesión utilizados por los proveedores de telecomunicaciones, contengan algunas de las cláusulas señaladas en el artículo 192 de la Ley Federal de Telecomunicaciones y Radiodifusión, para obtener la declaración judicial de nulidad de pleno derecho ante la autoridad competente;

XI. Promover la coordinación interinstitucional para el establecimiento de medidas que garanticen los derechos de los consumidores y usuarios de las telecomunicaciones, en el desarrollo e implementación de la normativa relacionada con los nuevos servicios de telecomunicaciones y modelos de negocio;

XII. Ejercer, en el ámbito de su competencia, las funciones de verificación y vigilancia de las disposiciones previstas en la Ley, la Ley Federal de Telecomunicaciones y Radiodifusión, la Ley Federal sobre Metrología y Normalización, y de las demás disposiciones jurídicas aplicables;

XIII. Instruir y coordinar la verificación y vigilancia de la publicidad e información relativas a bienes, productos y servicios que se difundan en aquellos lugares a que se refiere el artículo 96 de la Ley, en materia de telecomunicaciones, así como ordenar, en su caso, la suspensión o corrección de dicha publicidad o información;

XIV. Coordinar la realización del monitoreo, análisis y evaluación de la publicidad o información relativa a bienes, productos y servicios en materia de telecomunicaciones que se difunda por cualquier medio de comunicación y, en su caso, ordenar la suspensión o corrección de aquélla que viole las disposiciones de la Ley y demás ordenamientos legales que otorguen competencia a la Procuraduría, así como aplicar las sanciones correspondientes;

XV. Representar individualmente o en grupo a los consumidores ante proveedores, autoridades administrativas y jurisdiccionales, y ejercer cualquier tipo de acciones que correspondan en los términos de la Ley, así como hacer valer toda clase de derechos, excepciones y defensas en cualquier tipo de procedimiento para restituir en sus derechos a los consumidores de los servicios de telecomunicaciones;

XVI. Realizar, en el ámbito de su competencia, análisis, estudios e investigaciones en materia de protección al consumidor de servicios públicos de telecomunicaciones;

XVII. Proponer al Procurador los criterios y requisitos para la expedición de credenciales del personal que participe en diligencias de verificación y vigilancia en materia de su competencia y, en su caso, expedirlas;

XVIII. Comisionar a los servidores públicos que practicarán las visitas de verificación y vigilancia, a efecto de que actúen de manera individual o conjunta;

XIX. Dar vista al Instituto Federal de Telecomunicaciones cuando los proveedores en su calidad de concesionarios o autorizados incurran en violaciones sistemáticas o recurrentes a los derechos de los consumidores, previstos en la Ley y en la Ley Federal de Telecomunicaciones y Radiodifusión, así como intercambiar información relacionada con las quejas de los consumidores, el comportamiento comercial de los proveedores, la verificación del cumplimiento de sus obligaciones y de las sanciones que se impongan, a fin de que dicho Instituto, en su caso, determine ejercer las facultades que estime procedentes;

XX. Participar en los comités consultivos nacionales de normalización que correspondan conforme a su ámbito de competencia;

XXI. Ordenar, previo acuerdo con el Procurador, a los proveedores de telecomunicaciones en su calidad de concesionarios o autorizados, que informen a los consumidores sobre las acciones u omisiones que afecten los intereses o derechos de éstos, así como la forma en que los retribuirán o compensarán, y

XXII. Emitir alertas dirigidas a los consumidores y dar a conocer las de otras autoridades o agencias sobre productos o prácticas en el abastecimiento de bienes, productos o servicios, defectuosos, dañinos o que pongan en riesgo la vida, la salud, la seguridad o la economía del consumidor, así como ordenar y difundir llamados a revisión de bienes o productos cuando presenten defectos o daños que ameriten ser corregidos, reparados o reemplazados, cuando los proveedores hayan informado esta circunstancia a la Procuraduría y, dar a conocer las alertas y llamados a revisión que, en su caso, emitan otras autoridades.

Artículo 16.- El Coordinador General de Educación y Divulgación tiene las siguientes facultades:

I. Planear y establecer los programas de educación para el consumo y los de difusión a través publicaciones, radio y televisión y de organización de consumidores con el propósito de informar a los consumidores sobre sus derechos, la calidad y mejores condiciones de compra de bienes y servicios, así como para orientar a la industria y al comercio respecto de las necesidades y problemas de los consumidores;

II. Proponer al Procurador sistemas y mecanismos que faciliten a los consumidores el acceso a bienes y servicios en mejores condiciones de mercado;

III. Formular y coordinar proyectos para el desarrollo de asociaciones de consumidores que prevean, entre otros rubros, el establecimiento de mecanismos para su financiamiento;

IV. Plantear los mecanismos de coordinación y cooperación con las autoridades competentes y con grupos y empresas de radio y televisión de carácter nacional y regional, para difundir programas educativos e informativos sobre relaciones de consumo;

V. Promover y coordinar la integración del acervo audiovisual de la Procuraduría;

VI. Emitir lineamientos de trabajo para las ODECO en materia de divulgación, información y educación en las relaciones de consumo;

VII. Establecer lineamientos y criterios para promover y apoyar a las asociaciones y organizaciones de consumidores, para proporcionarles capacitación y asesoría, así como para apoyar su vinculación con organizaciones del extranjero, y

VIII. Proponer al Procurador la realización de campañas específicas de educación, divulgación y orientación a través de la radio, televisión y publicaciones, así como estudios específicos para conocer y dar respuesta a las necesidades de orientación y educación de la población consumidora.

Artículo 17.- El Coordinador General de Administración tiene las siguientes facultades:

I. Autorizar los manuales y guías técnicas de la Procuraduría y establecer las políticas y lineamientos para su elaboración;

II. Coordinar la formulación de programas presupuestarios y del proyecto de presupuesto de la Procuraduría, en términos de la legislación aplicable, así como vigilar su ejercicio y cumplimiento;

III. Asignar anualmente presupuesto a cada unidad administrativa de la Procuraduría conforme al aprobado a la Institución para el cumplimiento de sus metas y establecer los lineamientos para la administración, ejercicio, control y evaluación programática presupuestal;

IV. Autorizar la documentación necesaria para el ejercicio y la comprobación del presupuesto de la Procuraduría, y someter a la consideración de su titular la que corresponda a las erogaciones que deban ser autorizadas por él;

V. Suscribir, por acuerdo del Procurador, aquellos documentos que impliquen actos de administración;

VI. Representar a la Procuraduría en los convenios y contratos en los que ésta sea parte y que afecten su presupuesto o patrimonio;

VII. Proponer al Procurador las medidas técnicas y administrativas para la mejor organización y funcionamiento de la Institución;

VIII. Coordinar la prestación y el apoyo de los servicios informáticos y telecomunicaciones dentro de la Procuraduría;

IX. Coordinar que la adquisición y enajenación de bienes, contratación de servicios, de obra pública y servicios relacionados con las mismas, así como la administración de los bienes inmuebles que ocupa la Institución se realicen de conformidad con las disposiciones legales y administrativas aplicables;

X. Establecer y coordinar el programa de protección civil para la Procuraduría;

XI. Coordinar las relaciones laborales de la Procuraduría y vigilar la correcta aplicación de las disposiciones aplicables en la materia;

XII. Rescindir la relación laboral a los servidores públicos de la Procuraduría, así como imponerles medidas disciplinarias cuando incurran en faltas en el desempeño de sus funciones;

XIII. Establecer los programas de capacitación en la Procuraduría;

XIV. Expedir las credenciales o identificaciones a los servidores públicos y demás personas que presten sus servicios a la Procuraduría, con excepción de aquéllas que se utilicen para diligencias de verificación;

XV. Emitir los dictámenes administrativos relacionados con las modificaciones a las estructuras orgánicas y ocupacionales, así como de las plantillas de personal operativo de la Procuraduría;

XVI. Proponer al Procurador, los precios y tarifas de los bienes y servicios que de acuerdo con la normativa vigente pueda cobrar la Procuraduría, así como gestionar su autorización ante las autoridades competentes;

XVII. Normar y supervisar el funcionamiento de las áreas de administración de las diversas unidades administrativas de la Procuraduría;

XVIII. Vigilar, coordinar y controlar el Procedimiento Administrativo de Ejecución previsto en el Código Fiscal de la Federación y su Reglamento, respecto de las multas que imponga la Procuraduría, en los términos del primer párrafo del artículo 134 BIS de la Ley;

XIX. Implementar los mecanismos para el pago de multas a través del uso de medios electrónicos, ópticos o de cualquier otra tecnología, de conformidad a lo previsto en el párrafo segundo del artículo 134 BIS de la Ley;

XX. Proponer al Procurador los criterios y requisitos para la expedición de credenciales del personal que participe en el Procedimiento Administrativo de Ejecución, cuando a su juicio así se requiera, acorde a las atribuciones que se ejerzan y, en su caso, expedirlas;

XXI. Proponer al Procurador la celebración de convenios, acuerdos y otros instrumentos jurídicos con el Servicio de Administración Tributaria y otras autoridades fiscales de cualquier nivel, así como con otras dependencias, entidades del sector público y organismos privados, que resulten necesarios a fin de ejercer las atribuciones en materia de Procedimiento Administrativo de Ejecución, intercambio de información y uso de sistemas informáticos;

XXII. Resolver los recursos de revocación que se interpongan en contra de los actos y resoluciones definitivas emitidas por la Dirección General de Procedimiento Administrativo de Ejecución, considerando el proyecto elaborado por el titular de la Subprocuraduría Jurídica, y

XXIII. Establecer directrices tendientes a implementar al interior de la Procuraduría las normas, sistemas y procedimientos en materia de administración de los recursos humanos, materiales, financieros e informáticos, expedidos por las autoridades competentes.

CAPÍTULO IV
DE LAS DIRECCIONES GENERALES

Artículo 18.- Al frente de cada una de las Direcciones Generales habrá un Director General, quien será auxiliado para el despacho de los asuntos por el personal a que se refiere el artículo 4, último párrafo de este Reglamento.

Corresponden a los Directores Generales las siguientes facultades comunes, dentro del ámbito de sus respectivas competencias:

I. Planear, coordinar, controlar y evaluar las acciones derivadas de los programas a su cargo y del ejercicio de las facultades que les confiere este Reglamento;

II. Administrar los recursos presupuestales que para el cumplimiento de sus funciones les sean asignados, conforme a las leyes, reglamentos y normativa correspondientes;

III. Proponer al Procurador, Subprocurador o Coordinador General al que se encuentren adscritos, la celebración de convenios y otros instrumentos jurídicos con otras dependencias, entidades del sector público y organismos privados, a fin de ejercer las atribuciones que les han sido encomendadas;

IV. Requerir a las autoridades, proveedores y consumidores, que proporcionen la información y documentación necesaria para sustanciar los procedimientos previstos en la Ley;

V. Proponer al Subprocurador o Coordinador General al que se encuentren adscritos la normativa y lineamientos de aplicación general en los procedimientos materia de su competencia y una vez emitidos, difundirlos y supervisar su cumplimiento;

VI. Promover, evaluar y supervisar el cumplimiento de la normativa que resulte aplicable a su unidad administrativa, y supervisar que la operación que se efectúe en las ODECO, correspondiente a su competencia, se lleve a cabo conforme a los programas y lineamientos aplicables;

VII. Formular opiniones, proyectos e informes que les sean solicitados por sus superiores jerárquicos;

VIII. Elaborar el proyecto de programa de presupuesto, relativo a la unidad bajo su responsabilidad;

IX. Coordinar sus acciones con las otras unidades administrativas de la Procuraduría y del sector público, para el mejor desarrollo de sus facultades;

X. Dar a conocer los acuerdos y resoluciones de autoridades superiores y aquéllos que emitan con fundamento en las facultades que les correspondan;

XI. Aplicar la Ley y los demás ordenamientos jurídicos conducentes, y vigilar su cumplimiento;

XII. Ordenar, en el ámbito de su competencia, las medidas precautorias previstas en la Ley, a excepción de la señalada en la fracción VII del artículo 25 BIS de la Ley; aplicar las medidas de apremio e imponer las sanciones que correspondan, así como adoptar las medidas necesarias para su ejecución;

XIII. Expedir copias certificadas de expedientes y documentos a cargo de la unidad bajo su responsabilidad;

XIV. Ordenar la práctica de verificaciones, diligencias de acreditación de hechos, notificaciones, peritajes y ejecución de sanciones y demás acciones que el ejercicio de su función requiera;

XV. Realizar conforme al ámbito de su competencia monitoreos, pruebas, investigaciones, estudios y evaluaciones de la conformidad;

XVI. Emitir opinión no vinculante, en el ámbito de su competencia, respecto de la información o publicidad relativa a bienes, productos y servicios que los proveedores sometan voluntariamente a revisión de la Procuraduría, previo a su difusión;

XVII. Suscribir sus resoluciones y actuaciones conforme a la Ley, los lineamientos y demás disposiciones aplicables, así como ordenar los trámites conducentes para la sustanciación de los procedimientos correspondientes;

XVIII. Recibir y sustanciar los recursos de revisión y revocación que presenten los particulares en contra de sus actos y resoluciones, así como resolver los interpuestos con relación a los actos y resoluciones emitidos por los servidores públicos subalternos;

XIX. Proporcionar asesoría, resolver consultas y orientar a los consumidores y a los proveedores respecto de sus derechos y obligaciones;

XX. Analizar las conductas de proveedores que pudieran situarse en los hechos o prácticas previstos, respectivamente, en las fracciones XVII y XX del artículo 24 de la Ley y, hacerlos del conocimiento de la Subprocuraduría Jurídica para los efectos legales conducentes;

XXI. Condonar, reducir, modificar o conmutar las multas, conforme a lo dispuesto en la Ley y los criterios que determine el Procurador;

XXII. Elaborar y proponer a su superior jerárquico los programas de capacitación que en el ámbito de su competencia se requieran en la Institución y, en su caso, participar en su desarrollo;

XXIII. Enviar a la Dirección General de Programación, Organización y Presupuesto los informes sobre el ejercicio del presupuesto y los avances en la ejecución de sus programas, así como la información contable y bancaria correspondiente;

XXIV. Proponer a la Dirección General de Planeación y Evaluación, los indicadores y los elementos de planeación estratégica institucional;

XXV. Contar con un archivo de trámite cumpliendo con lo previsto en el artículo 30 de la Ley General de Archivos;

XXVI. Hacer uso de medios electrónicos, ópticos o de cualquier otra tecnología en la sustanciación y resolución de los procedimientos a su cargo, sin que ello impida que se puedan realizar mediante la atención presencial de los mismos, y

XXVII. Las demás que les confieran otros ordenamientos jurídicos o el Procurador.

El Procurador podrá determinar que servidores públicos subalternos a los Directores Generales puedan también ejercer algunas de las atribuciones a que se refiere el presente artículo. Para tal efecto, emitirá los acuerdos que correspondan, mismos que deberán publicarse en el Diario Oficial de la Federación.

Artículo 19.- Las Direcciones Generales de Quejas y Conciliación; de Contratos de Adhesión, Registros y Autofinanciamiento; de Procedimientos; de Verificación y Defensa de la Confianza; de Verificación y Defensa de la Confianza de Combustibles; de Protección al Consumidor de Telecomunicaciones; de Procedimientos y Análisis Publicitario de Telecomunicaciones; de Defensa Colectiva y Contratos de Adhesión de Telecomunicaciones, y la de Procedimiento Administrativo de Ejecución, así como las direcciones de área y subdirecciones adscritas a éstas ejercerán sus atribuciones en todo el territorio nacional, pudiendo iniciar los procedimientos administrativos de su competencia y remitir los expedientes respectivos a las distintas ODECO de la Procuraduría, de acuerdo a la circunscripción territorial que les corresponda, a efecto de que el Director de Zona, el Jefe de Departamento de Servicios y Telecomunicaciones, el Jefe de Departamento de Verificación y Defensa de la Confianza o el Jefe de Departamento de Procedimiento Administrativo de Ejecución, según corresponda, los sustancien y resuelvan, sin perjuicio del ejercicio de sus demás atribuciones.

Asimismo, las Direcciones Generales mencionadas, en el ámbito de su competencia, podrán atraer para sustanciación y resolución aquellos procedimientos administrativos que, habiendo sido iniciados en alguna ODECO, se consideren relevantes por su cuantía, afectación a una colectividad de consumidores, así como por el impacto institucional, regional o nacional que represente la inconformidad, reclamación o denuncia que requiera la protección de los derechos e intereses de los consumidores, a juicio de los titulares de las Direcciones Generales precisadas en el párrafo anterior.

En tal circunstancia, los Subprocuradores de acuerdo a su competencia deberán conocer, sustanciar y resolver los recursos de revisión y revocación que presenten los particulares en contra de las resoluciones.

Artículo 20.- El Director General de Información Institucional y Vinculación Social tiene las siguientes facultades:

I. Conducir e instrumentar, de conformidad con los lineamientos que fije el Procurador, las relaciones de la Procuraduría con los medios de comunicación social;

II. Someter a consideración del Procurador, la estrategia y el programa de la Procuraduría en materia de información institucional;

III. Elaborar los boletines, materiales audiovisuales y gráficos y demás elementos informativos que requiera la opinión pública sobre los programas y acciones de la Procuraduría y darlos a conocer a los medios de comunicación;

IV. Recopilar, conservar y analizar la información relativa a los programas y acciones de la Procuraduría que se difunda a través de los medios de comunicación;

V. Divulgar la información institucional referente a la Procuraduría y a sus actividades en favor de los consumidores, así como aquélla que sea de interés para la misma, entre los servidores públicos y las unidades administrativas de la Procuraduría;

VI. Difundir a la sociedad las invitaciones para adherirse a las Acciones Colectivas promovidas por la Procuraduría, así como a sumarse a los beneficios por el resarcimiento de afectaciones de proveedores derivados de resoluciones judiciales condenatorias;

VII. Proponer al Procurador los lineamientos por los que se rijan las relaciones de la Procuraduría con los medios de comunicación social;

VIII. Proponer al Procurador los programas de comunicación social, para una vinculación de la información con la sociedad, imagen institucional y relaciones públicas de la Procuraduría, y

IX. Las demás que le confiera el Procurador.

Artículo 21.- El Director General de Planeación y Evaluación tiene las siguientes facultades:

I. Coordinar la planeación de los programas presupuestarios con las unidades administrativas y verificar la alineación de sus metas con el Plan Nacional de Desarrollo, el Programa Sectorial y el institucional;

II. Coordinar con la Dirección General de Oficinas de Defensa del Consumidor, el proceso de planeación de las ODECO, así como su seguimiento;

III. Evaluar que los elementos de planeación estratégica institucional, correspondan a las necesidades de la sociedad;

IV. Coordinar con la Dirección General de Programación, Organización y Presupuesto las actividades inherentes a la concertación de estructuras programáticas;

V. Supervisar la elaboración de los informes de la Procuraduría que se integran en diferentes documentos mandatados por las diversas instancias;

VI. Participar en las acciones que conlleven al cumplimiento de los programas implementados por el Gobierno Federal, así como los programas institucionales y proyectos conforme al ámbito de su competencia;

VII. Coadyuvar en la implementación del Sistema de Control Institucional;

VIII. Mantener oportunamente informado al Procurador sobre las actividades y proyectos realizados, así como de los resultados obtenidos;

IX. Coordinar las evaluaciones externas que contrate la Procuraduría, ya sea de desempeño, procesos, impacto, diseño o consistencia y resultados;

X. Supervisar y coordinar la operación del Sistema de Evaluación del Desempeño en las unidades responsables de la Procuraduría, con el propósito de cumplir con las metas establecidas, para mejorar la eficiencia, eficacia y la calidad de los procesos y productos de la institución;

XI. Coordinar la integración de información requerida para alimentar sistemas administrados por la Secretaría, la Secretaría de Hacienda y Crédito Público y por el Consejo Nacional de Evaluación de la Política de Desarrollo Social;

XII. Participar en los procesos de planeación y evaluación que establezcan la Secretaría y la Secretaría de Hacienda y Crédito Público, así como en los programas de mediano plazo especiales que determine el Procurador;

XIII. Supervisar la colaboración de las unidades administrativas en la definición y revisión de las Matrices de Indicadores de Resultados de la Institución;

XIV. Supervisar la coordinación de las unidades administrativas en la atención a las recomendaciones emitidas por la Secretaría y del Consejo Nacional de Evaluación de la Política de Desarrollo Social a las Matrices de Indicadores para Resultados;

XV. Coordinar y gestionar la información en materia de planeación y evaluación, para atender los requerimientos de la Secretaría o cualquier dependencia gubernamental;

XVI. Dar a conocer los acuerdos y resoluciones de autoridades superiores y aquéllos que emitan dentro del ámbito de su competencia;

XVII. Establecer coordinación con otras unidades administrativas de la institución y del sector público para el mejor desarrollo de sus facultades;

XVIII. Atender e integrar la entrega de la documentación e informes requeridos en los tiempos establecidos por los órganos fiscalizadores y autoridades administrativas o jurisdiccionales;

XIX. Fungir como Titular de la Unidad de Transparencia de la Procuraduría y ejercer las funciones establecidas en el artículo 61 de la Ley Federal de Transparencia y Acceso a la Información Pública;

XX. Atender las solicitudes de información, en apego al marco normativo vigente, así como guardar la confidencialidad de la información que durante el desarrollo de las actividades utilice o administre;

XXI. Coordinar que la información solicitada en materia de transparencia se dé en apego a la normativa de transparencia y acceso a la información vigente;

XXII. Desarrollar todas aquellas funciones inherentes al área de su competencia, así como las que instruya el Titular de la Procuraduría y aquéllas que se requieran para cumplir con el Código de Conducta de la Procuraduría;

XXIII. Dar cumplimiento a las obligaciones contenidas en la Ley General de Transparencia y Acceso a la Información Pública, Ley Federal de Transparencia y Acceso a la Información Pública, y la Ley General de Protección de Datos Personales en Posesión de Sujetos Obligados, y

XXIV. Las demás aplicables en materia de transparencia, así como las demás que le confiera el Procurador.

Artículo 22.- El Director General de Oficinas de Defensa del Consumidor tiene las siguientes facultades:

I. Coordinar el trabajo entre la Procuraduría, la Secretaría del Bienestar y la Coordinación General de Programas para el Desarrollo, para la implementación de los planes, programas y acciones para el desarrollo integral que competan a la Procuraduría;

II. Supervisar la coordinación entre las ODECO y las Delegaciones de Programas para el Desarrollo;

III. Coordinar, supervisar y evaluar las actividades de las ODECO, con base en las visitas y la información generada por cada una de ellas;

IV. Proponer al Procurador y, en su caso, aplicar medidas que impulsen la mejora y el desarrollo integral de las ODECO;

V. Proponer al Procurador, la emisión de criterios, lineamientos y procedimientos que regulen la operación de las ODECO, que no sean competencia de otras unidades administrativas;

VI. Fungir como enlace y vínculo permanente de coordinación entre las unidades administrativas centrales y las ODECO, así como su relación entre ellas con el fin de promover el mejor desarrollo de sus actividades y apoyarlas en sus requerimientos;

VII. Diseñar y programar en coordinación con las unidades administrativas competentes y los Directores de Zona, las acciones a desarrollar por las ODECO, coordinar su implementación y dar seguimiento a sus resultados;

VIII. Planificar y coordinar, con las Subprocuradurías de Servicios, de Verificación y Defensa de la Confianza y de Telecomunicaciones, operativos conjuntos para la supervisión, verificación, vigilancia y evaluación, que se efectúen periódicamente por las ODECO, en el ámbito de su respectiva competencia;

IX. Supervisar el desarrollo de las actividades de las ODECO, dando seguimiento al cumplimiento de los programas fundamentales de la Procuraduría y desarrollando herramientas para eficientar el funcionamiento de cada una de las unidades administrativas;

X. Coordinar, concertar y evaluar las acciones de colaboración que las ODECO acuerden con autoridades federales, estatales y municipales y con organismos privados y sociales, previo dictamen de la Subprocuraduría Jurídica;

XI. Integrar la información remitida por las ODECO, consolidarla y someterla a la consideración del Procurador y, en su caso, de las unidades administrativas centrales según su ámbito de competencia;

XII. Gestionar y controlar los requerimientos y las necesidades de las ODECO en materia de recursos materiales, financieros y humanos;

XIII. Promover el mejor desarrollo de las actividades de las ODECO y apoyarlas en sus requerimientos;

XIV. Coordinar la planeación de metas y objetivos de las ODECO, para lograr la identificación de sus necesidades de capacitación, y con ello, proponer a las áreas normativas, previa autorización del Titular de la Procuraduría, el contenido de los cursos de capacitación que ayudarán para el mejor desempeño de sus funciones;

XV. Practicar visitas a las ODECO para realizar, en coordinación con las unidades administrativas competentes, diagnósticos integrales, y con base en los resultados obtenidos y en los estudios de carácter general con que se cuente, proponer al Titular de la Procuraduría las medidas que impulsen la mejora y el desarrollo integral de las ODECO;

XVI. Resolver los recursos de revisión y revocación interpuestos contra actos y resoluciones definitivas emitidas por los Directores de Zona, pudiendo utilizar, en su caso, medios electrónicos, ópticos o de cualquier otra tecnología;

XVII. Apoyar al Titular de la Procuraduría o cualquier otro servidor público de dicha dependencia, a coordinar las giras de trabajo a las ODECO;

XVIII. Supervisar que los Directores de Zona acuerden y desahoguen los asuntos pendientes a su cargo, con los titulares de las unidades administrativas de la Procuraduría, conforme a sus facultades y ámbito de competencia, sujetándose a las instrucciones que éstos dicten;

XIX. Supervisar el cumplimiento de políticas, lineamientos y criterios aplicables e implementar acciones de capacitación;

XX. Dar seguimiento, en coordinación con la Subprocuraduría Jurídica, a las acciones de cumplimentación de las resoluciones de recursos de revisión, revocación y las sentencias jurisdiccionales, emitidas en los medios de impugnación promovidos contra los actos emitidos por los servidores públicos de las ODECO;

XXI. Coadyuvar con la Subprocuraduría Jurídica para determinar la rescisión o terminación de las relaciones laborales de los servidores públicos que se encuentren adscritos a las ODECO;

XXII. Proponer al Procurador la creación o supresión de las ODECO, y coordinar los procesos de selección de Directores de Zona y de los demás mandos medios en las ODECO;

XXIII. Proponer al Procurador los programas de operativos anuales para la supervisión, verificación, vigilancia y evaluación que deberán realizar las ODECO, en el ámbito de su respectiva competencia;

XXIV. Autorizar e implementar el programa de visitas de la Dirección General de Oficinas de Defensa del Consumidor a las ODECO;

XXV. Participar en el Consejo Editorial de la Revista del Consumidor y en los comités institucionales en los que la Dirección General de Oficinas de Defensa del Consumidor forme parte;

XXVI. Implementar medidas para modernizar y simplificar los métodos y procesos de trabajo de la Dirección General de Oficinas de Defensa del Consumidor;

XXVII. Coordinar la atención de las solicitudes de información que requieran los particulares, con base en la Ley Federal de Transparencia y Acceso a la Información Pública y la Ley General de Transparencia y Acceso a la Información Pública, a través de la Unidad de Transparencia de la Procuraduría;

XXVIII. Coordinar, supervisar y dar seguimiento a la solventación, atención o instrumentación, y acciones de mejora, derivadas de las observaciones a las ODECO realizadas por las auditorías internas, externas o revisiones de control, y

XXIX. Las demás que le confiera el Procurador.

Artículo 23.- El Director General de Quejas y Conciliación tiene las siguientes facultades:

I. Proponer a su superior jerárquico y, en su caso, difundir la normativa que establezca los mecanismos de información, orientación, asesoría y solución de consultas a los consumidores y proveedores respecto de sus derechos y obligaciones, y supervisar su cumplimiento;

II. Proponer a su superior jerárquico y, en su caso, difundir y aplicar la normativa para la recepción de reclamaciones, la celebración de audiencias y convenios conciliatorios; aprobación de los convenios conciliatorios; calificación de actas, notificación e imposición de medidas de apremio que se realicen en los procedimientos conciliatorios y supervisar su cumplimiento;

III. Coordinar, acordar y concertar acuerdos y acciones de protección al consumidor, así como para solucionar en forma expedita las reclamaciones de los consumidores con proveedores y sus organizaciones, y con instituciones y organizaciones de los sectores público, social y privado;

IV. Procurar la solución de las diferencias entre los consumidores y proveedores a que se refieren la Ley y otras disposiciones legales aplicables, conforme al Procedimiento conciliatorio establecido en la Sección Segunda del Capítulo XIII de la propia Ley;

V. Recibir, notificar al consignatario, endosar, entregar y transferir los billetes de depósito consignados por las partes durante el desahogo de los procedimientos de su competencia;

VI. Proponer a su superior jerárquico criterios en materia de la bonificación o compensación a que se refiere la Ley;

VII. Recibir y sustanciar los recursos de revisión y revocación que presenten los particulares en contra de sus actos;

VIII. Informar, orientar, asesorar y resolver consultas de consumidores y proveedores, en el ámbito de su competencia, respecto de sus derechos y obligaciones;

IX. Procurar la protección de los intereses y derechos de los consumidores que tengan su domicilio o residencia en el extranjero;

X. Proponer a su superior jerárquico la celebración de convenios de colaboración y otros instrumentos jurídicos con proveedores, instituciones y organizaciones de los sectores público, social y privado;

XI. Requerir la comparecencia de consumidores, proveedores o cualquier persona que tenga conocimiento de actos o hechos relacionados con los procedimientos de su competencia;

XII. Requerir, previo acuerdo con el Subprocurador de Servicios, a los proveedores o autoridades competentes para que tomen las medidas necesarias para combatir, detener, modificar o evitar todo género de prácticas que lesionen los intereses de los consumidores y, en su caso, publicar dicho requerimiento en periódicos de circulación nacional, regional o local, o cualquier otro medio de difusión;

XIII. Requerir, en el ámbito de su competencia, de las autoridades, los proveedores y consumidores la información o documentación necesaria para el ejercicio de las atribuciones que la Ley y otros ordenamientos legales le confieren a la Procuraduría;

XIV. Realizar, conforme al ámbito de su competencia, estudios, investigaciones o monitoreos sobre la comercialización de productos o servicios entre proveedores y consumidores, y

XV. Las demás que le confiera el Subprocurador de Servicios.

Artículo 24.- El Director General de Contratos de Adhesión, Registros y Autofinanciamiento tiene las siguientes facultades:

I. Organizar y operar los registros públicos de contratos de adhesión, de consumidores que no deseen que su información sea utilizada para fines mercadotécnicos o publicitarios y de casas de empeño;

II. Recibir, tramitar y resolver sobre las solicitudes de registro, aviso de adopción, modificación y baja o cancelación de los modelos de contratos de adhesión que, por disposición de la Ley, de otros ordenamientos legales o de las Normas Oficiales Mexicanas deban registrarse ante la Procuraduría, así como de aquéllos cuyo registro soliciten los proveedores voluntariamente;

III. Proponer a su superior jerárquico y, en su caso, aplicar la normativa para organizar y operar el Registro Público de Contratos de Adhesión;

IV. Elaborar y promover los modelos de contratos de adhesión que puedan adoptar los proveedores y proponer, en su caso, su publicación en el Diario Oficial de la Federación;

V. Proponer a su superior jerárquico y, en su caso, difundir y aplicar la normativa para organizar y operar el Registro Público de Consumidores a que se refiere el artículo 18 de la Ley y tramitar las solicitudes de inscripción, cancelación, consulta, renovación y actualización de datos, así como las denuncias relacionadas con dicho Registro;

VI. Participar en la elaboración de la normativa de los sistemas de comercialización o autofinanciamiento a que se refiere el artículo 63 de la Ley;

VII. Requerir de las autoridades, los proveedores y consumidores, en el ámbito de su competencia, la información o documentación necesaria para el ejercicio de las atribuciones que la Ley y otros ordenamientos legales le confieren a la Procuraduría;

VIII. Recibir y sustanciar los recursos de revisión y revocación que presenten los particulares en contra de sus actos;

IX. Ordenar la modificación de los estados de cuenta que expidan las entidades comerciales cuando no se ajusten a las disposiciones legales y normativas que correspondan;

X. Participar en los grupos de trabajo de elaboración o modificación de las Normas Oficiales Mexicanas y, en su caso, opinar sobre los proyectos de ese tipo de normas que para tal fin sean publicados en el Diario Oficial de la Federación;

XI. Proponer a su superior jerárquico convenios de coordinación, de concertación y otros instrumentos jurídicos con proveedores, instituciones y organizaciones de los sectores público, social y privado;

XII. Requerir, previo acuerdo con el Subprocurador de Servicios, a los proveedores o autoridades competentes para que tomen las medidas necesarias para combatir, detener, modificar o evitar todo género de prácticas que lesionen los intereses de los consumidores y, en su caso, publicar dicho requerimiento en periódicos de circulación nacional, regional, local o cualquier otro medio de difusión;

XIII. Informar, orientar, asesorar y resolver consultas de consumidores y proveedores, en el ámbito de su competencia, respecto de sus derechos y obligaciones;

XIV. Realizar, conforme al ámbito de su competencia, estudios, investigaciones o monitoreos sobre la comercialización de productos o servicios;

XV. Dar a conocer al público la información que envíen las Sociedades de Información Crediticia relacionada con el número de reclamaciones respecto de la información contenida en su base de datos, presentadas en contra de las entidades comerciales, así como los modelos de convenios arbitrales que, en su caso, se comprometan a adoptar junto con dichas entidades;

XVI. Revisar, de oficio o a petición de parte, que los modelos de contratos de adhesión que determinen la Ley y otras disposiciones legales y normativas, se ajusten a lo dispuesto por las mismas y, en su caso, ordenar su modificación o la suspensión de su uso respecto de nuevas operaciones mientras no sean modificados;

XVII. Recibir, tramitar y resolver las solicitudes de inscripción, modificación, renovación anual y cancelación de las personas físicas o sociedades mercantiles en el Registro Público de Casas de Empeño; asimismo sustanciar los procedimientos administrativos que con motivo de dicho Registro se interpongan, y

XVIII. Las demás que le confiera el Subprocurador de Servicios.

Artículo 25.- El Director General de Procedimientos tiene las siguientes facultades:

I. Proponer a su superior jerárquico y, en su caso, difundir y aplicar la normativa para la formalización de los compromisos arbitrales entre consumidores y proveedores y para la conducción de juicios arbitrales y la emisión de laudos y supervisar su cumplimiento;

II. Proponer a su superior jerárquico y, en su caso, difundir y aplicar la normativa para la sustanciación y resolución de los recursos de revocación que se interpongan en contra de las resoluciones que se dicten durante el procedimiento arbitral y supervisar su cumplimiento;

III. Proponer a su superior jerárquico y, en su caso, difundir y aplicar la normativa para la sustanciación de los procedimientos por infracciones a la Ley y demás procedimientos sancionatorios que le confieran a la Procuraduría otras leyes, y que por razón de la materia le corresponda conocer y supervisar su cumplimiento;

IV. Proponer a su superior jerárquico y, en su caso, difundir y aplicar la normativa para la imposición de las medidas precautorias previstas en la Ley, a excepción de la señalada en la fracción VII del artículo 25 BIS de la Ley; las medidas de apremio y para la imposición, notificación de sanciones en los procedimientos por infracciones a la Ley y en los procedimientos cuyo inicio, sustanciación y resolución competa a la Procuraduría por disposición de otras leyes y que por razón de la materia le corresponda conocer y supervisar su cumplimiento;

V. Conocer y resolver los procedimientos arbitrales, por infracciones a la Ley y aquéllos que por disposiciones de la propia Ley y de otras leyes competan a la Procuraduría y que por materia le correspondan;

VI. Imponer sanciones por incumplimientos a laudos arbitrales, de acuerdo con lo que establece el artículo 128 de la Ley, en términos del procedimiento establecido en el artículo 123 de la Ley;

VII. Ordenar la suspensión de la comercialización de bienes, productos o servicios, sin perjuicio de la intervención que corresponda a otras unidades administrativas en términos de las disposiciones aplicables;

VIII. Analizar el contenido de la publicidad que se difunda por cualquier medio de comunicación o, previo a su difusión, cuando así lo solicite el proveedor y, en caso de que sea violatoria de las disposiciones de la Ley o de otras leyes que le confieran competencia en la materia a la Procuraduría, ordenar su suspensión o corrección e imponer las sanciones correspondientes;

IX. Analizar, resolver y emitir el dictamen a que se refieren los artículos 114, 114 BIS y 114 TER de la Ley, así como proponer y difundir la normativa correspondiente para ello;

X. Recibir, endosar, entregar y transferir los billetes de depósito consignados por las partes durante el desahogo de los procedimientos de su competencia y aquéllos consignados a la Procuraduría derivados de convenios con proveedores;

XI. Tramitar y resolver las cancelaciones de registro de los contratos de adhesión a que se refiere el artículo 90 BIS de la Ley, en términos del procedimiento previsto en el artículo 123 de la misma;

XII. Requerir de las autoridades, los proveedores y los consumidores, en el ámbito de su competencia, la información o documentación necesaria para el ejercicio de las atribuciones que la Ley y otros ordenamientos legales le confieren a la Procuraduría;

XIII. Recibir y sustanciar los recursos de revisión y revocación que presenten los particulares en contra de sus resoluciones;

XIV. Requerir la comparecencia de consumidores, proveedores o de cualquier persona que tenga conocimiento de actos o hechos relacionados con los procedimientos de su competencia;

XV. Elaborar los proyectos de acuerdo que le sean encomendados por la Subprocuraduría de Servicios a efecto de condonar, reducir o conmutar sanciones;

XVI. Realizar, conforme al ámbito de su competencia, estudios, investigaciones o monitoreos sobre la comercialización de productos o servicios;

XVII. Ordenar al proveedor o al medio de comunicación que suspenda la información y publicidad que se difunda cuando ésta afecte o pueda afectar la vida, la salud, la seguridad o la economía de una colectividad de consumidores;

XVIII. Requerir, previo acuerdo con el Subprocurador de Servicios, a los proveedores o autoridades competentes para que tomen las medidas necesarias para combatir, detener, modificar o evitar todo género de prácticas que lesionen los intereses de los consumidores y, en su caso, publicar dicho requerimiento en periódicos de circulación nacional, regional o local, o en cualquier otro medio de difusión;

XIX. Dar a conocer los acuerdos y resoluciones de autoridades superiores y aquéllos que emita con fundamento en las facultades que le correspondan;

XX. Informar, orientar, asesorar y resolver consultas de consumidores y proveedores, en el ámbito de su competencia, respecto de sus derechos y obligaciones;

XXI. Coordinar y concertar acuerdos y acciones de protección al consumidor con proveedores, instituciones y organizaciones de los sectores público, social y privado;

XXII. Proponer a su superior jerárquico la celebración de convenios de coordinación, concertación y otros instrumentos jurídicos con proveedores, instituciones y organizaciones de los sectores público, social y privado;

XXIII. Recibir, tramitar y resolver las solicitudes de inscripción o de renovación de Registro de Políticas de Compensación por Demoras y Retrasos de Vuelos atribuibles a los Concesionarios o Permisionarios del Transporte Aéreo de Pasajeros, conforme a lo previsto en la Ley, la Ley de Aviación Civil y el Capítulo IX del Reglamento de la Ley Federal de Protección al Consumidor, y

XXIV. Las demás que le confiera el Subprocurador de Servicios.

Artículo 26.- El Director General de Verificación y Defensa de la Confianza tiene las siguientes facultades:

I. Ordenar la verificación y vigilancia, de oficio o a petición de parte, en los términos previstos en la Ley y, en el ámbito de su competencia, de la Ley Federal sobre Metrología y Normalización, de las normas a que ésta se refiere y de las demás disposiciones legales, reglamentarias y normativas aplicables y supervisar su observancia;

II. Proponer al Subprocurador de Verificación y Defensa de la Confianza, difundir y aplicar las políticas, criterios y lineamientos para el ejercicio de las funciones de verificación y vigilancia que competen a la Procuraduría en términos de la Ley, la Ley Federal sobre Metrología y Normalización, y demás leyes y disposiciones aplicables, así como supervisar y evaluar su cumplimiento;

III. Proponer al Subprocurador de Verificación y Defensa de la Confianza, difundir y aplicar los lineamientos y criterios para imposición de sanciones, de acuerdo con lo que establece la Ley, la Ley Federal sobre Metrología y Normalización, y demás leyes y disposiciones aplicables que sean resultado de las funciones de verificación y vigilancia, así como supervisar y evaluar su cumplimiento;

IV. Proponer al Subprocurador de Verificación y Defensa de la Confianza, difundir y aplicar los programas y lineamientos de verificación que llevan a cabo las ODECO, así como supervisar y evaluar su cumplimiento;

V. Proponer al Subprocurador de Verificación y Defensa de la Confianza, difundir y aplicar los lineamientos para la correcta actuación del personal que realice funciones de verificación, así como de levantamiento, calificación y dictaminación de actas de verificación y supervisar y evaluar su cumplimiento;

VI. Proponer al Subprocurador de Verificación y Defensa de la Confianza, difundir y aplicar los criterios y lineamientos que deban aplicar las ODECO para la evaluación del desempeño del personal que realice las actividades de verificación, y supervisar su cumplimiento;

VII. Suscribir todo tipo de actuaciones y resoluciones que se dicten dentro del ámbito de su competencia, en los procedimientos por infracciones a la Ley, y ordenar los trámites conducentes a su sustanciación, conforme a la propia Ley y los demás ordenamientos jurídicos que resulten aplicables;

VIII. Ordenar, aplicar y supervisar, en el ámbito de su competencia, las medidas precautorias y las de apremio previstas en la Ley, a excepción de la señalada en la fracción VII del artículo 25 BIS de la Ley, así como imponer las sanciones que correspondan y adoptar las medidas necesarias para su ejecución y levantamiento;

IX. Ordenar el aseguramiento de bienes y productos que se comercialicen fuera de establecimiento comercial cuando no cumplan con las disposiciones aplicables y hacerlo del conocimiento de las autoridades competentes;

X. Coordinar la atención de las denuncias de los consumidores efectuadas contra los proveedores;

XI. Requerir de las autoridades, los proveedores y los consumidores, en el ámbito de su competencia, la información o documentación necesaria para el ejercicio de las atribuciones que la Ley y otros ordenamientos legales le confieren a la Procuraduría;

XII. Actuar como consultor en materia de verificación, información comercial y calidad de bienes y servicios, y participar en actividades de metrología, normalización y evaluación de la conformidad;

XIII. Recibir y sustanciar los recursos de revisión y revocación que presenten los particulares en contra de sus resoluciones;

XIV. Proponer al Subprocurador de Verificación y Defensa de la Confianza, en el ámbito de su competencia, la lista de los servidores públicos de la Procuraduría que realicen funciones de verificación y vigilancia, para la expedición de las credenciales que los acrediten;

XV. Ordenar, en los términos de la Ley y de otros ordenamientos legales, en el ámbito de su competencia, la verificación y vigilancia de la publicidad e información relativas a bienes, productos y servicios que se difundan en aquellos lugares a que se refiere el artículo 96 de la Ley y ordenar, en su caso, la suspensión o corrección de dicha publicidad o información;

XVI. Acordar, coordinar y concertar acciones de protección al consumidor con proveedores e instituciones y organizaciones de los sectores público, social y privado;

XVII. Ordenar, en el ámbito de su competencia, la modificación a los estados de cuenta que expidan las entidades comerciales cuando no se ajusten a las disposiciones legales y normativas aplicables;

XVIII. Comisionar a los servidores públicos que practicarán las visitas de verificación y vigilancia, a efecto de que actúen de manera individual o conjunta, y

XIX. Las demás que le confiera el Subprocurador de Verificación y Defensa de la Confianza.

Artículo 27.- El Director General de Verificación y Defensa de la Confianza de Combustibles tiene las siguientes facultades:

I. Ordenar la verificación y vigilancia, de oficio o a petición de parte, en los términos previstos en la Ley y, en el ámbito de su competencia, de la Ley Federal sobre Metrología y Normalización, de las normas a que ésta se refiere y de las demás disposiciones legales, reglamentarias y normativas en materia de combustibles;

II. Proponer al Subprocurador de Verificación y Defensa de la Confianza, difundir y aplicar las políticas, criterios y lineamientos para el ejercicio de las funciones de verificación y vigilancia que competen a la Procuraduría en materia de combustibles, de conformidad con la Ley, la Ley Federal sobre Metrología y Normalización, y demás leyes y disposiciones aplicables, así como supervisar y evaluar su cumplimiento;

III. Proponer al Subprocurador de Verificación y Defensa de la Confianza, difundir y aplicar los lineamientos y criterios para la imposición de sanciones, de acuerdo con lo que establece la Ley, la Ley Federal sobre Metrología y Normalización, y demás leyes y disposiciones aplicables que sean resultado de las funciones de verificación y vigilancia en materia de combustibles, así como supervisar y evaluar su cumplimiento;

IV. Proponer al Subprocurador de Verificación y Defensa de la Confianza, difundir y aplicar los programas y lineamientos de las acciones de verificación en materia de combustibles que llevan a cabo las ODECO y supervisar y evaluar su cumplimiento;

V. Proponer al Subprocurador de Verificación y Defensa de la Confianza, difundir y aplicar los lineamientos para la correcta actuación del personal que realice funciones de verificación en materia de combustibles, así como de levantamiento, calificación y dictaminación de actas de verificación, y supervisar y evaluar su cumplimiento;

VI. Proponer al Subprocurador de Verificación y Defensa de la Confianza, difundir y aplicar los criterios y lineamientos que deban aplicar las ODECO para la evaluación del desempeño del personal que realice las actividades de verificación en materia de combustibles, y supervisar su cumplimiento;

VII. Suscribir todo tipo de actuaciones y resoluciones que se dicten dentro del ámbito de su competencia, en los procedimientos por infracciones a la Ley, y ordenar los trámites conducentes a su sustanciación, conforme a la propia Ley y los demás ordenamientos jurídicos que resulten aplicables;

VIII. Ordenar, aplicar y supervisar, en el ámbito de su competencia, las medidas precautorias y las de apremio previstas en la Ley, a excepción de la señalada en la fracción VII del artículo 25 BIS de la Ley, así como imponer las sanciones que correspondan y adoptar las medidas necesarias para su ejecución y levantamiento;

IX. Coordinar la atención de las denuncias de los consumidores efectuadas contra los proveedores de bienes y servicios en materia de combustibles;

X. Actuar como consultor en materia de verificación y vigilancia de combustibles y participar en actividades de metrología, normalización y evaluación de la conformidad relacionadas con dicha materia;

XI. Requerir de las autoridades, los proveedores y consumidores, en el ámbito de su competencia, la información o documentación necesaria para el ejercicio de las atribuciones que la Ley le confiere a la Procuraduría;

XII. Recibir y sustanciar los recursos de revisión y revocación que presenten los particulares en contra de sus resoluciones;

XIII. Comisionar a los servidores públicos que practicarán las visitas de verificación y vigilancia en materia de combustibles a efecto de que actúen de manera individual o conjunta;

XIV. Proponer al Subprocurador de Verificación y Defensa de la Confianza, en el ámbito de su competencia, la lista de los servidores públicos de la Procuraduría que realicen funciones de verificación y vigilancia, para la expedición de las credenciales que los acrediten;

XV. Retirar del mercado los bienes o productos que ponen en riesgo la vida o la salud del consumidor y, en su caso, ordenar su destrucción, de conformidad con el artículo 24, fracción XXIV de la Ley, y

XVI. Las demás que le confiera el Subprocurador de Verificación y Defensa de la Confianza.

Artículo 28.- El Director General de Laboratorio Nacional de Protección al Consumidor tiene las siguientes facultades:

I. Diseñar, instrumentar y supervisar la realización de investigaciones, estudios y análisis de carácter técnico-científico sobre las características y calidad de los productos y servicios que se ofrecen en el mercado;

II. Coordinar la realización del análisis de bienes y productos con objeto de dictaminar técnicamente lo conducente respecto al cumplimiento de la Ley, de la Ley Federal sobre Metrología y Normalización, de las Normas Oficiales Mexicanas y demás normativa aplicable;

III. Apoyar en el ámbito de sus facultades, en las tareas de verificación que realiza la Procuraduría, así como en las investigaciones y análisis de carácter técnico-científico que puedan coadyuvar en la determinación de las alertas o llamados a revisión;

IV. Promover la participación de proveedores en la realización de estudios de calidad e investigaciones específicas y solicitar, de ser necesario, su apoyo en el desarrollo de dichos estudios o en la aportación de insumos para realizarlos;

V. Proponer al Subprocurador de Verificación y Defensa de la Confianza, los lineamientos para la participación que las ODECO pudieran tener en la realización de investigaciones, estudios, y análisis sobre la calidad de productos en el ámbito regional;

VI. Proponer al Subprocurador de Verificación y Defensa de la Confianza, mecanismos de cooperación con otras dependencias y organismos públicos, privados y sociales que realicen investigaciones sobre bienes y productos a nivel nacional e internacional;

VII. Atender las solicitudes de particulares respecto de estudios y análisis sobre la calidad de bienes y productos, siempre que las actividades institucionales así lo permitan, pudiendo cobrar a aquéllos las cuotas de recuperación que corresponda;

VIII. Actuar como perito en materia de calidad de bienes y productos, y elaborar estudios y dictámenes relativos, así como las investigaciones y análisis de carácter técnico-científico para determinar la procedencia de las alertas o llamados a revisión;

IX. Administrar y proporcionar la información del comportamiento histórico de los resultados del laboratorio para orientar las labores de verificación y, en su caso, la evaluación de la conformidad;

X. Comisionar a personal técnico de laboratorio en actividades de normalización y evaluación de la conformidad, conforme a lo establecido en la Ley Federal sobre Metrología y Normalización, y

XI. Las demás que le confiera el Subprocurador de Verificación y Defensa de la Confianza.

Artículo 29.- El Director General Jurídico Consultivo tiene las siguientes facultades:

I. Atender y resolver las consultas jurídicas que le presenten las ODECO y demás unidades administrativas de la Procuraduría y aquéllas que, sobre los asuntos de la competencia de ésta, le sean planteadas por terceros, sin carácter vinculante;

II. Formular y revisar los anteproyectos de iniciativas de leyes y de reglamentos, decretos, acuerdos, y demás ordenamientos jurídico-normativos relacionados con las actividades de la Procuraduría;

III. Formular el proyecto de dictamen jurídico de los lineamientos, acuerdos, circulares y demás documentos de la Procuraduría que se pretendan publicar en el Diario Oficial de la Federación y realizar los trámites correspondientes;

IV. Proponer a su superior jerárquico los proyectos de criterios y lineamientos jurídicos a que deben sujetarse los convenios y contratos en que sea parte la Procuraduría y, en su caso, formularlos o dictaminar los que elaboren las demás unidades administrativas de la Procuraduría;

V. Dar seguimiento a la formalización de los convenios y contratos en los que la Procuraduría sea parte y llevar el registro institucional de los celebrados;

VI. Realizar estudios e investigaciones jurídicas que requiera el desarrollo de las funciones de la Procuraduría;

VII. Establecer los proyectos de criterios y lineamientos para acreditar la personalidad o legitimación de las partes, en los procedimientos que se desarrollan ante la Procuraduría, y opinar sobre los requisitos jurídicos que deben satisfacer los formatos, actas y demás documentos de uso habitual en la Procuraduría;

VIII. Auxiliar en la coordinación y vigilancia del procedimiento relativo al Registro Único de Personas Acreditadas en la Procuraduría;

IX. Tramitar y dar seguimiento a las solicitudes de información formuladas por la Comisión Nacional de los Derechos Humanos;

X. Apoyar al Subprocurador Jurídico en la atención de los asuntos relacionados con la Comisión Nacional de Mejora Regulatoria;

XI. Participar como asesor en los comités institucionales y en los procedimientos para la adquisición de bienes, contratación de servicios, de obra pública y servicios relacionados con la misma;

XII. Realizar trámites y gestiones en materia de propiedad intelectual e industrial;

XIII. Conducir las actividades de carácter internacional en materia de protección al consumidor, mediante acciones de cooperación, promoción y fortalecimiento de la presencia de la Procuraduría en reuniones y foros bilaterales y multilaterales;

XIV. Conducir las relaciones de cooperación con entidades homólogas extranjeras para el intercambio de información y la incorporación de mejores prácticas internacionales;

XV. Conducir y coordinar la cooperación en foros multilaterales especializados en materia de consumo, con la finalidad de establecer opinión sobre el posicionamiento de la Procuraduría con respecto a algún tema de la agenda internacional en dicha materia;

XVI. Apoyar y asesorar a las unidades administrativas de la Procuraduría en la atención de asuntos de carácter internacional;

XVII. Promover y fortalecer la presencia de la Procuraduría a nivel internacional;

XVIII. Fungir como enlace para el intercambio de información de las unidades administrativas de la Procuraduría con autoridades extranjeras;

XIX. Coordinar visitas de trabajo a esta institución, de índole internacional, del personal de las instituciones y organismos homólogos de la Procuraduría;

XX. Dar seguimiento a los Memorándums de Entendimiento con entidades homólogas de otros países, y

XXI. Las demás que le confiera el Subprocurador Jurídico.

Artículo 30.- El Director General de lo Contencioso y de Recursos tiene las siguientes facultades:

I. Representar legalmente a la Procuraduría y al Procurador en todos aquellos litigios en los que sean parte en ejercicio de sus facultades;

II. Intervenir en los procedimientos administrativos, judiciales, laborales y contencioso administrativos en los que la Procuraduría sea parte;

III. Ejercer las acciones judiciales y contenciosas que correspondan a las unidades administrativas de la Procuraduría;

IV. Denunciar o formular querella ante el Ministerio Público de los hechos que puedan ser constitutivos de delitos y, ante las autoridades competentes, de los actos que constituyan violaciones administrativas y que afecten los intereses de los consumidores;

V. Intervenir en apoyo de la Coordinación General de Administración en las controversias de carácter laboral en las que participen las unidades de la Procuraduría y servidores públicos de la misma, y establecer los lineamientos para el levantamiento de actas administrativas y las constancias de hechos referentes al personal;

VI. Elaborar los proyectos de las resoluciones que deban recaer a los recursos de revisión y revocación que se interpongan en contra de los actos y resoluciones definitivas dictadas por Subprocuradores, Directores Generales y Directores de Zona;

VII. Proponer a su superior jerárquico los lineamientos y criterios conforme a los cuales deberán sustanciarse y resolverse los recursos de revisión y revocación;

VIII. Dar seguimiento a las acciones colectivas que en representación de los consumidores, se ejerzan ante los órganos jurisdiccionales que correspondan, en los términos del artículo 26 de la Ley;

IX. Rendir los informes y desahogar los requerimientos que conforme a derecho procedan, así como interponer los medios de impugnación previstos en la Ley de la materia, en suplencia por ausencia de las autoridades responsables en los juicios de amparo;

X. Proponer a su superior jerárquico lineamientos y, en su caso, difundirlos a las unidades administrativas de la Procuraduría, con base en las tesis y criterios emitidos respectivamente por las autoridades judiciales y administrativas competentes, así como proponer al Coordinador General de Administración lineamientos para el mejor cumplimiento de las obligaciones laborales a cargo de la Procuraduría;

XI. Dictaminar sobre la procedencia de la imposición de sanciones laborales al personal de la Procuraduría con fundamento en las actas administrativas y demás documentos que obren en los expedientes respectivos;

XII. Coadyuvar con la Dirección General de Recursos Humanos en las revisiones y negociaciones del contrato colectivo de trabajo y demás documentos que emanen de él, y

XIII. Las demás que le confiera el Subprocurador Jurídico.

Artículo 31.- El Director General de Protección al Consumidor de Telecomunicaciones tiene las siguientes facultades:

I. Proponer a su superior jerárquico y, en su caso, difundir y aplicar, en materia de telecomunicaciones, la normativa y lineamientos para:

a) La recepción de reclamaciones, la celebración de audiencias y convenios conciliatorios; aprobación de los convenios conciliatorios; calificación de actas, notificación e imposición de medidas de apremio que se realicen en los procedimientos conciliatorios y supervisar su cumplimiento;

b) La formalización de los compromisos arbitrales entre consumidores y proveedores y para la conducción de juicios arbitrales y la emisión de laudos y supervisar su cumplimiento;

c) La sustanciación y resolución de los recursos de revocación que se interpongan en contra de las resoluciones que se dicten durante el procedimiento arbitral en materia de telecomunicaciones y supervisar su cumplimiento, y

d) La imposición de medidas de apremio en los procedimientos cuyo inicio, sustanciación y resolución competa a la Procuraduría por disposición de otras leyes y que por razón de la materia le corresponda conocer y supervisar su cumplimiento;

II. Proponer a su superior jerárquico y, en su caso, difundir y aplicar las políticas y programas, criterios y lineamientos, en materia de telecomunicaciones, para:

a) El ejercicio de las funciones de verificación y vigilancia que competen a la Procuraduría en términos de la Ley, la Ley Federal sobre Metrología y Normalización, y demás leyes y disposiciones aplicables en materia de telecomunicaciones y supervisar y evaluar su cumplimiento;

b) La verificación que llevan a cabo las ODECO, así como supervisar y evaluar su cumplimiento;

c) Supervisar y evaluar la aplicación de los programas de verificación, así como del levantamiento, calificación y dictaminación de actas de verificación, y

d) La emisión de los criterios, respecto a la bonificación o compensación a que se refiere la Ley;

III. Determinar y acordar acciones de protección al consumidor, así como acciones para solucionar en forma expedita las reclamaciones de los consumidores en materia de telecomunicaciones, con proveedores y sus organizaciones, y con instituciones de los sectores público, social y privado;

IV. Procurar la solución de las diferencias que se susciten entre consumidores y proveedores a que se refiere la Ley y otras disposiciones jurídicas aplicables, conforme a los procedimientos establecidos en la (sic) Secciones Segunda y Tercera del Capítulo XIII de la propia Ley, dentro de las unidades administrativas que se le adscriban;

V. Recibir y sustanciar los recursos de revocación que se interpongan en contra de las resoluciones que se dicten durante el procedimiento arbitral en materia de telecomunicaciones;

VI. Ordenar el aseguramiento de bienes y productos utilizados para la prestación de servicios en telecomunicaciones que se comercialicen cuando no cumplan con las disposiciones aplicables y hacerlo del conocimiento de las autoridades competentes;

VII. Ordenar y sustanciar, de oficio o a petición de parte, la verificación y vigilancia en los términos previstos en la Ley y en el ámbito de su competencia, el cumplimiento de las disposiciones contenidas en la Ley Federal sobre Metrología y Normalización, en las normas que se deriven de ésta y en las demás disposiciones legales, reglamentarias y normativas aplicables en el ámbito de competencia de la Procuraduría, así como supervisar la observancia de dichos ordenamientos normativos dentro de las unidades administrativas que se le adscriban;

VIII. Comisionar a los servidores públicos que practicarán las visitas de verificación y vigilancia en materia de telecomunicaciones, a efecto de que actúen de manera individual o conjunta;

IX. Dar vista a la Dirección General de Procedimientos y Análisis Publicitario de Telecomunicaciones o a la Dirección General de Defensa Colectiva y Contratos de Adhesión de Telecomunicaciones cuando los proveedores incurran en violaciones sistemáticas o recurrentes a los derechos de los usuarios o consumidores, para efecto de protección y restitución o, en su caso, que se impongan las sanciones por incumplimiento de obligaciones a los concesionarios;

X. Proponer al Subprocurador de Telecomunicaciones la lista de los servidores públicos de la Procuraduría que realicen funciones de verificación y vigilancia, para la expedición de las credenciales que los acrediten;

XI. Ordenar al proveedor que suspenda la información y publicidad que se difunda en los lugares donde se administren, almacenen, transporten, distribuyan o expendan los bienes, productos o servicios en materia de telecomunicaciones, cuando ésta afecte o pueda afectar la vida, la salud, la seguridad o la economía de una colectividad de consumidores;

XII. Recibir, notificar al consignatario, endosar, entregar y transferir los billetes de depósito consignados por las partes durante el desahogo de los procedimientos de su competencia;

XIII. Actuar como consultor en materia de verificación, información comercial y calidad de bienes y servicios en materia de telecomunicaciones;

XIV. Informar, orientar, asesorar y resolver consultas de consumidores y proveedores, en el ámbito de su competencia, respecto de sus derechos y obligaciones;

XV. Requerir, previo acuerdo con el Subprocurador de Telecomunicaciones, a los proveedores o autoridades competentes para que tomen las medidas necesarias para combatir, detener, modificar o evitar todo género de prácticas que lesionen los derechos e intereses de los consumidores de servicios de telecomunicaciones, así como para restituirlos en su pleno goce y ejercicio y, en su caso, publicar dicho requerimiento en periódicos de circulación nacional, regional o local, o en cualquier otro medio de difusión;

XVI. Ordenar, en los términos de la Ley y en el ámbito de su competencia, la verificación y vigilancia de la publicidad e información relativas a bienes, productos y servicios que se difundan en aquellos lugares a que se refiere el artículo 96 de la Ley, en materia de telecomunicaciones y ordenar también, en su caso, la suspensión o corrección de dicha publicidad o información;

XVII. Ordenar y aplicar, en el ámbito de su competencia, las medidas precautorias y medidas de apremio, así como adoptar las medidas necesarias para su ejecución previstas en la Ley;

XVIII. Coordinar la atención que se brinde en las ODECO, a las denuncias de los consumidores de telecomunicaciones;

XIX. Publicar, a través de cualquier medio, los productos y servicios que con motivo de sus verificaciones y los demás procedimientos previstos en los ordenamientos legales sean detectados como riesgosos o en incumplimiento a las disposiciones jurídicas aplicables;

XX. Solicitar al área competente, el monitoreo, pruebas, investigaciones, estudios, y evaluaciones de la conformidad derivados de las acciones de verificación y vigilancia de telecomunicaciones;

XXI. Ordenar la elaboración de monitoreos, diagnósticos y demás acciones de vigilancia en materia de telecomunicaciones, y

XXII. Las demás que le confiera el Subprocurador de Telecomunicaciones.

Artículo 32.- El Director General de Procedimientos y Análisis Publicitario de Telecomunicaciones tiene las siguientes facultades:

I. Ejecutar y resolver los procedimientos por infracciones a la Ley, en materia de telecomunicaciones e imponer las sanciones por las infracciones a los derechos de los consumidores, establecidos en la Ley, la Ley Federal de Telecomunicaciones y Radiodifusión y otras disposiciones legales aplicables en materia de telecomunicaciones, cometidas por los proveedores;

II. Proponer a su superior jerárquico y, en su caso, difundir y aplicar, en materia de telecomunicaciones, la normativa, para:

a) La sustanciación de los procedimientos por infracciones a la Ley y demás procedimientos sancionatorios en materia de telecomunicaciones, que le confieran a la Procuraduría, otras leyes, y que por razón de la materia le corresponda conocer y supervisar su cumplimiento en las áreas administrativas que se le adscriban y en las ODECO, y

b) La imposición de medidas de apremio y sanciones en los procedimientos que se inicien por infracciones a la Ley, así como las notificaciones derivadas de la Ley Federal sobre Metrología y Normalización, Ley Federal de Telecomunicaciones y Radiodifusión y demás disposiciones aplicables;

III. Monitorear, analizar, evaluar y orientar sobre el contenido de la publicidad o información relativa a bienes, productos y servicios en materia de telecomunicaciones que se difunda por cualquier medio y ordenar, en su caso, la suspensión o corrección de la misma;

IV. Sustanciar los procedimientos por infracciones a la Ley relativos a publicidad e información respecto de bienes, productos y servicios en materia de telecomunicaciones que se difunda por cualquier medio de comunicación que viole las disposiciones de la misma y de otros ordenamientos legales que otorguen competencia a la Procuraduría; ordenar la suspensión o corrección de la misma, así como la imposición de las sanciones correspondientes;

V. Sustanciar los procedimientos por infracciones a la Ley relativos a publicidad e información respecto de bienes, productos y servicios en materia de telecomunicaciones que se difunda en aquellos lugares a que se refiere el artículo 96 de la Ley, que viole las disposiciones de la misma y de otros ordenamientos legales que otorguen competencia a la Procuraduría; ordenar la suspensión o corrección de la misma, así como la imposición de las sanciones correspondientes;

VI. Sustanciar los procedimientos por infracciones a la Ley, cuando se presuman violaciones a los derechos de consumidores derivados de los procedimientos conciliatorios;

VII. Atender y sustanciar los procedimientos por infracciones a la Ley derivados de denuncias en materia de publicidad y aquéllos derivados de los actos de verificación;

VIII. Ordenar la suspensión de la comercialización de bienes, productos o servicios en telecomunicaciones, sin perjuicio de la intervención que corresponda a otras unidades administrativas en términos de las disposiciones jurídicas aplicables;

IX. Tramitar y resolver las cancelaciones y, en su caso, ordenar la baja del registro de los contratos de adhesión en materia de telecomunicaciones a que se refiere el artículo 90 BIS de la Ley, en términos del procedimiento previsto en el artículo 123 de la misma;

X. Acordar con proveedores, instituciones y organizaciones de los sectores público, social y privado, acciones de protección al consumidor en materia de publicidad e información relativa a bienes, productos o servicios en materia de telecomunicaciones que se difunda por cualquier medio;

XI. Ordenar y aplicar, en el ámbito de su competencia, las medidas precautorias y medidas de apremio, así como adoptar las medidas necesarias para su ejecución previstas en la Ley y en las demás disposiciones jurídicas aplicables;

XII. Requerir, previo acuerdo con el Subprocurador de Telecomunicaciones, a los proveedores o autoridades competentes para que tomen las medidas necesarias para combatir, detener, modificar o evitar todo género de prácticas que lesionen los derechos e intereses de los consumidores de servicios de telecomunicaciones, así como para restituirlos en su pleno goce y ejercicio y, en su caso, publicar dicho requerimiento en periódicos de circulación nacional, regional o local, o en cualquier otro medio de difusión;

XIII. Tramitar las denuncias en materia de telecomunicaciones por publicidad e información;

XIV. Emitir opinión no vinculante, respecto de publicidad en materia de telecomunicaciones que sometan a su consideración los proveedores de manera voluntaria, y

XV. Las demás que le confiera el Subprocurador de Telecomunicaciones.

Artículo 33.- El Director General de Defensa Colectiva y Contratos de Adhesión de Telecomunicaciones tiene las siguientes facultades:

I. Autorizar los modelos tipo de contratos de adhesión en materia de telecomunicaciones;

II. Supervisar los procedimientos de solicitud de registro o modificación del contrato de adhesión de telecomunicaciones, para que se ajusten a lo dispuesto en las disposiciones aplicables;

III. Ordenar la suspensión del uso del registro de contrato de adhesión, en caso de que contemple nuevas operaciones y no se haya solicitado su modificación para incluirlas;

IV. Supervisar el trámite de solicitud de baja de registro de contrato de adhesión de telecomunicaciones a petición del proveedor interesado;

V. Registrar contratos de adhesión que contengan penas razonables atendiendo a la equidad y reciprocidad de las obligaciones, conforme a lo dispuesto en el segundo párrafo de la fracción V del artículo 191 de la Ley Federal de Telecomunicaciones y Radiodifusión;

VI. Otorgar el registro de los contratos de adhesión e inscribirlos en el registro correspondiente;

VII. Proponer a su superior jerárquico el contenido de la carta de derechos mínimos a que se refiere la Ley Federal de Telecomunicaciones y Radiodifusión y colaborar con el Instituto Federal de Telecomunicaciones para determinar de manera conjunta su contenido y realizar la difusión y actualización de la misma;

VIII. Representar, proteger y defender individualmente o en grupo a los consumidores ante proveedores, autoridades administrativas y jurisdiccionales y ejercer las acciones que correspondan en los términos de los ordenamientos legales aplicables en materia de telecomunicaciones;

IX. Ejercer las acciones colectivas en materia de telecomunicaciones en representación de los consumidores, en los términos del artículo 26 de la Ley;

X. Proponer a su superior jerárquico la celebración de convenios con los proveedores en beneficio de la totalidad de los consumidores afectados previo a la instauración de la demanda de acción colectiva, siempre y cuando exista la restitución de derechos o la reparación del daño;

XI. Representar los intereses de los consumidores mediante las acciones que procedan, cuando los contratos de adhesión contengan alguna de las cláusulas señaladas en el artículo 192 de la Ley Federal de Telecomunicaciones y Radiodifusión, para obtener la declaración judicial de nulidad de pleno derecho ante la autoridad competente o la cancelación del registro;

XII. Coadyuvar en el desarrollo e implementación de la normativa relacionada con los nuevos servicios de telecomunicaciones y modelos de negocio promoviendo y protegiendo los derechos de los consumidores;

XIII. Llevar un registro de las sanciones que hayan quedado firmes a proveedores o cuando éstos incurran en violaciones sistemáticas o recurrentes a los derechos de los consumidores previstos en la Ley y la Ley Federal de Telecomunicaciones y Radiodifusión y dar vista al Instituto Federal de Telecomunicaciones para su registro en el Registro Público de Concesiones;

XIV. Intercambiar información con el Instituto Federal de Telecomunicaciones, así como analizar la que dicho Instituto le remita a la Procuraduría y enviarla al área correspondiente para la ejecución de las acciones que correspondan, así como con diversas instituciones u organismos públicos vinculados con el sector;

XV. Realizar análisis, estudios e investigaciones en materia de telecomunicaciones, para el diseño de la política pública en dicha materia;

XVI. Participar en los comités consultivos nacionales de normalización e institucionales y organismos, instituciones y asociaciones que representan a personas de grupos vulnerables en materia de telecomunicaciones;

XVII. Intercambiar información con empresas, cámaras, asociaciones e instituciones privadas del sector de telecomunicaciones para el seguimiento del comportamiento del sector;

XVIII. Emitir opiniones a las consultas públicas en materia de telecomunicaciones;

XIX. Proponer a su superior jerárquico el contenido técnico de las campañas de difusión permanentes en materia de protección y educación de los derechos del consumidor y en los diversos temas relacionados con las telecomunicaciones, así como proponer campañas en beneficio de personas con discapacidad;

XX. Proponer a su superior jerárquico la coordinación, concertación y colaboración de acciones con dependencias y entidades públicas y organizaciones de la sociedad civil y con proveedores en materia de telecomunicaciones;

XXI. Requerir, a los proveedores o autoridades competentes para que detengan, modifiquen o eviten todo género de prácticas comerciales que lesionen los derechos e intereses de los usuarios de servicios de telecomunicaciones, así como para restituirlos en su pleno goce y ejercicio;

XXII. Proponer al Subprocurador de Telecomunicaciones la publicación de alertas ante una eminente afectación a los derechos de los consumidores en materia de telecomunicaciones;

XXIII. Emitir la resolución de la solicitud de emisión de dictamen a que se refieren los artículos 114, 114 BIS y 114 TER de la Ley, en los procedimientos conciliatorios que versen en la materia de telecomunicaciones, así como proponer y difundir la normativa correspondiente para ello;

XXIV. Proponer al titular de la Subprocuraduría de Telecomunicaciones el desarrollo de eventos en los que participen industria, organismos reguladores o sociedad civil;

XXV. Establecer mecanismos de control respecto de la información estadística generada por las unidades administrativas de la Subprocuraduría de Telecomunicaciones, y

XXVI. Las demás que le confiera el Subprocurador de Telecomunicaciones.

Artículo 34.- El Director General de Estudios sobre Consumo tiene las siguientes facultades:

I. Formular y dirigir estudios, investigaciones y encuestas sobre las condiciones de compra de los productos y servicios que se comercializan en el mercado nacional, así como de las prácticas de consumo y relaciones de mercado entre proveedores y consumidores;

II. Realizar las investigaciones, análisis y encuestas que requieran las unidades administrativas de la Procuraduría;

III. Informar, con base en los resultados de los estudios realizados, a las unidades administrativas de la Procuraduría de aquellas prácticas comerciales que presumiblemente sean contrarias a las disposiciones en materia de protección al consumidor;

IV. Realizar las investigaciones que permitan conocer al consumidor los precios de bienes, productos y servicios de consumo, así como mantener las bases de datos correspondientes, y coordinar con las ODECO de la Procuraduría las acciones relacionadas con el levantamiento de precios en los establecimientos comerciales;

V. Atender las solicitudes de información sobre precios contenida en las bases de datos referidas en la fracción anterior, y

VI. Las demás que le confiera el Coordinador General de Educación y Divulgación.

Artículo 35.- El Director General de Difusión tiene las siguientes facultades:

I. Diseñar los programas y acciones de difusión de la Procuraduría y coordinar su producción y transmisión a través de los medios impresos y audiovisuales disponibles;

II. Proponer a su superior jerárquico los mecanismos de financiamiento de los proyectos editoriales y audiovisuales de la Procuraduría, con objeto de producir materiales competitivos en el mercado y de utilidad para la población;

III. Proponer a su superior jerárquico los mecanismos de distribución y, en su caso, comercialización de los productos editoriales, radiofónicos, televisivos y otros de tipo audiovisual realizados por la Procuraduría;

IV. Coordinar la realización de proyectos editoriales o audiovisuales específicos, en los que participen los sectores productivos del país a través de convenios con dependencias y entidades públicas, así como con organismos privados, previo dictamen de la Subprocuraduría Jurídica;

V. Diseñar y coordinar la realización de los materiales impresos, audiovisuales y electrónicos de difusión de programas y acciones que lleve a cabo la Procuraduría;

VI. Integrar y editar información de las unidades administrativas, así como generar contenidos, para mantener actualizado el sitio web de la Procuraduría, y

VII. Las demás que le confiera el Coordinador General de Educación y Divulgación.

Artículo 36.- El Director General de Programación, Organización y Presupuesto tiene las siguientes facultades:

I. Proponer a la autoridad competente y, en su caso, aplicar las políticas, normas, lineamientos y sistemas para la previsión, programación, presupuestación, ejercicio y control del gasto de la Procuraduría y difundirlas en las unidades administrativas;

II. Integrar el anteproyecto del presupuesto anual de la Procuraduría, comunicar el presupuesto aprobado a las unidades administrativas y realizar las modificaciones requeridas al mismo;

III. Integrar la estructura programática de la Procuraduría y evaluar los requerimientos de presupuesto de las unidades administrativas, para su debida asignación conforme a sus facultades, programas y proyectos;

IV. Efectuar el pago de las erogaciones con cargo al presupuesto aprobado de la Procuraduría, conforme a las disposiciones aplicables;

V. Proponer a su superior jerárquico y, en su caso, aplicar las políticas, normas, lineamientos y sistemas para otorgar recursos por comprobar, así como llevar a cabo las acciones necesarias para su comprobación;

VI. Tramitar los requerimientos de viáticos y pasajes que soliciten las unidades administrativas;

VII. Vigilar el debido cumplimiento de las obligaciones fiscales, tanto federales como locales, correspondientes a la Procuraduría, así como elaborar las declaraciones respectivas;

VIII. Administrar las disponibilidades financieras de la Procuraduría y emitir los informes respectivos;

IX. Operar el sistema de contabilidad general de la Procuraduría, consolidar la contabilidad de las ODECO, y elaborar los estados financieros institucionales y demás informes en la materia;

X. Emitir la suficiencia presupuestal para los convenios, contratos, pedidos y demás documentos que impliquen actos de administración y que afecten el presupuesto autorizado de la Procuraduría;

XI. Coordinar, dirigir e integrar los informes de carácter programático, presupuestal, contable, financiero y administrativo en términos de las disposiciones aplicables;

XII. Coordinar los proyectos y programas de modernización, simplificación regulatoria, desconcentración y desarrollo administrativo de la Procuraduría;

XIII. Proponer a su superior jerárquico y, en su caso, aplicar las normas y guías técnicas para la elaboración de documentos normativos y administrativos de la Procuraduría, y llevar a cabo su difusión y asesoría a las unidades administrativas;

XIV. Coordinar la elaboración y mantener actualizado el manual general de organización de la Procuraduría y apoyar a las unidades administrativas en la elaboración de sus manuales organizacional y de procedimientos, así como llevar a cabo su registro, control y difusión;

XV. Integrar y administrar la cartera de programas y proyectos de inversión de la Procuraduría, así como gestionar su autorización y registro ante las instancias competentes;

XVI. Proponer a su superior jerárquico y, en su caso, aplicar las políticas, normas, lineamientos y sistemas para la proyección, cobro, facturación, registro y control de los ingresos y formas valoradas de la Procuraduría;

XVII. Fungir como ventanilla única de las unidades administrativas de la Procuraduría en los asuntos que se traten con las dependencias globalizadoras en materia administrativa, y

XVIII. Las demás que le confiera el Coordinador General de Administración.

Artículo 37.- El Director General de Recursos Materiales y Servicios Generales tiene las siguientes facultades:

I. Proponer a su superior jerárquico y, en su caso, aplicar las políticas y sistemas para la administración de los recursos materiales y servicios generales de la Procuraduría, así como dar cumplimiento a las normas jurídicas que conforme a la materia correspondan;

II. Realizar y controlar los procesos para las adquisiciones de los bienes y la contratación de los servicios, arrendamientos, obra pública y servicios relacionados con la misma, de la Procuraduría;

III. Administrar y llevar a cabo la conservación y mantenimiento de los bienes muebles de la Procuraduría;

IV. Coordinar la ejecución de las obras y programas de adaptación, conservación y mantenimiento de los inmuebles propiedad de la Procuraduría;

V. Suscribir pedidos y contratos de cualquier naturaleza, hasta por el monto correspondiente a invitaciones a cuando menos tres personas para cada ejercicio fiscal, conforme a la normativa aplicable y sin perjuicio del ejercicio directo de esta facultad por el Coordinador General de Administración;

VI. Elaborar, proponer y tramitar los contratos y pedidos celebrados por la Procuraduría y vigilar el cumplimiento de aquéllos que le correspondan, así como aplicar las penas convencionales y realizar el procedimiento de rescisión de aquellos instrumentos que por atraso o incumplimiento le indiquen las unidades administrativas responsables;

VII. Fungir como el área coordinadora de archivos de la Procuraduría y ejercer las funciones previstas en los artículos 27 y 28 de la Ley General de Archivos, así como operar el sistema institucional de archivo previsto en el artículo 20 de la Ley General citada, y dirigir la operación del archivo de concentración de oficinas centrales, conforme a las disposiciones fijadas por el Archivo General de la Nación, el Instituto Nacional de Transparencia, Acceso a la Información y Protección de Datos Personales y las demás que sean aplicables;

VIII. Llevar a cabo los procedimientos y actos relativos a la enajenación, baja y destino final de bienes de la Procuraduría, de conformidad con la normativa aplicable;

IX. Elaborar y operar los planes y programas anuales de adquisiciones, arrendamientos y servicios, almacenes e inventarios, de mantenimiento y conservación de bienes muebles e inmuebles, obras públicas y servicios relacionados con las mismas, así como los correspondientes a la prestación de los servicios generales de apoyo a las diversas unidades administrativas de la Procuraduría;

X. Aplicar los sistemas de inventarios y almacenes a los bienes instrumentales y de consumo, conforme a la normativa aplicable;

XI. Supervisar el cumplimiento de los contratos relativos a los diversos seguros de bienes muebles e inmuebles contratados por la Procuraduría;

XII. Administrar la asignación y uso del parque vehicular a las unidades administrativas de la Procuraduría, así como controlar y coordinar el mantenimiento y conservación de los mismos;

XIII. Elaborar y operar el Programa Interno de Protección Civil, así como vigilar el cumplimiento de objetivos y metas en esta materia, y

XIV. Las demás que le confiera el Coordinador General de Administración.

Artículo 38.- El Director General de Recursos Humanos tiene las siguientes facultades:

I. Proponer a su superior jerárquico y, en su caso, ejecutar las políticas, normas, lineamientos, criterios, programas y sistemas para la administración y desarrollo de los recursos humanos de la Procuraduría;

II. Coordinar y participar en las acciones de revisión y actualización del contrato colectivo de trabajo y de los demás instrumentos normativos a través de los cuales se regulen las relaciones de la Procuraduría con sus trabajadores;

III. Proponer a su superior jerárquico y, en su caso, ejecutar la política institucional de las relaciones laborales de la Procuraduría con su personal y administrar los sistemas de estímulos y recompensas establecidos en el Contrato Colectivo de Trabajo y demás normativa aplicable;

IV. Imponer medidas disciplinarias en materia laboral a los servidores públicos de la Procuraduría que incurran en faltas en el desempeño de sus funciones, así como rescindir relaciones laborales de conformidad con la legislación de la materia;

V. Ejecutar, en el ámbito de su competencia, las sanciones que en materia laboral impongan las instancias facultadas para ello;

VI. Difundir y otorgar, previa autorización del Procurador o del Coordinador General de Administración, las prestaciones y servicios que correspondan a los trabajadores, así como dirigir las actividades sociales, culturales y deportivas para el personal de la Procuraduría;

VII. Gestionar ante las instancias correspondientes, en el ámbito de su competencia, la autorización y registro de las estructuras organizacional y funcional de la Procuraduría, así como llevar a cabo su difusión y vigilar su cumplimiento;

VIII. Integrar, actualizar y administrar la plantilla del personal de la Procuraduría, así como elaborar y actualizar los perfiles de puestos conforme a la estructura autorizada;

IX. Proponer a su superior jerárquico y, en su caso, aplicar sistemas para la previsión, programación, presupuestación, ejercicio y control del gasto de la Procuraduría en materia de servicios personales;

X. Determinar los importes derivados de las deducciones y retenciones al personal, efectuadas por la Procuraduría e informar los resultados a la Dirección General de Programación, Organización y Presupuesto, para que realice el entero en favor de terceros que correspondan;

XI. Instrumentar las políticas y procesos de reclutamiento, selección y promoción del personal de la Procuraduría conforme a las disposiciones señaladas en el Contrato Colectivo de Trabajo y demás normativa aplicable;

XII. Integrar, coordinar y operar los Programas de Capacitación y Adiestramiento, así como de Servicio Social y Prácticas Profesionales, y realizar los trámites necesarios ante las instancias que correspondan;

XIII. Expedir las credenciales, constancias y certificaciones que se requieran con motivo de la relación laboral;

XIV. Impulsar las acciones que fomenten un clima organizacional adecuado para el personal de la Procuraduría, difundir los resultados obtenidos e implementar las acciones de mejora correspondientes;

XV. Actualizar y difundir el código de conducta institucional, y

XVI. Las demás que le confiera el Coordinador General de Administración.

Artículo 39.- El Director General de Informática tiene las siguientes facultades:

I. Proponer a su superior jerárquico y, en su caso, aplicar las políticas, normas, lineamientos, planes, programas y estrategias institucionales en materia de tecnologías de la información y comunicaciones para la sistematización y optimización de funciones, recursos y procesos dentro de las unidades administrativas de la Procuraduría, y vigilar su cumplimiento;

II. Administrar la asignación de los bienes informáticos y de comunicaciones a las unidades administrativas de la Procuraduría, así como controlar y coordinar el mantenimiento y conservación de los mismos y la prestación de los servicios relacionados;

III. Emitir opinión técnica respecto a la celebración de contratos, convenios y demás instrumentos jurídicos en materia de tecnologías de la información y comunicaciones;

IV. Formular, difundir y ejecutar el Plan Estratégico de Tecnologías de la Información y Comunicaciones, y vigilar su cumplimiento;

V. Administrar y mantener la operación tecnológica de las redes de Intranet e Internet de la Procuraduría, así como los servicios relacionados, e integrar y difundir los contenidos institucionales de Intranet;

VI. Administrar y operar el centro de cómputo y las comunicaciones de la Procuraduría, así como los servicios relacionados;

VII. Desarrollar, administrar y, en su caso, proponer a su superior jerárquico, nuevas tecnologías de la información y comunicaciones, así como los sistemas y servicios relacionados; asimismo, asesorar y orientar a las unidades administrativas de la Procuraduría en su uso y aprovechamiento;

VIII. Proponer a su superior jerárquico y, en su caso, difundir y aplicar medidas preventivas y planes de contingencia respecto a la información contenida en los equipos informáticos de la Procuraduría, y vigilar su cumplimiento;

IX. Determinar la viabilidad técnica y operativa de los requerimientos de las unidades administrativas de la Procuraduría respecto a la aplicación y desarrollo de sistemas informáticos, adquisición de bienes y contratación de servicios en materia de tecnologías de la información y comunicaciones;

X. Emitir dictámenes respecto a la aplicación de tecnologías de la información y comunicaciones, así como de todos los servicios relacionados, y sobre el estado físico u obsolescencia del equipo o bienes informáticos en propiedad, para su desincorporación del inventario institucional, y

XI. Las demás que le confiera el Coordinador General de Administración.

Artículo 40.- El Director General de Procedimiento Administrativo de Ejecución tiene las siguientes facultades:

I. Recaudar directamente, por instituciones de crédito o terceros, el importe de los créditos fiscales determinados por las diversas unidades administrativas de la Procuraduría;

II. Orientar a los particulares respecto del pago de las multas impuestas por las diversas unidades administrativas de la Procuraduría;

III. Proponer los lineamientos relativos a la implementación de los procedimientos de notificación establecidos en el Código Fiscal de la Federación, practicar toda clase de notificaciones relativas al Procedimiento Administrativo de Ejecución, así como habilitar a terceros para que las realicen;

IV. Proponer al Procurador los acuerdos operativos con otras autoridades, incluso con auxiliares de la Tesorería de la Federación que faciliten el control y cobro de los créditos fiscales determinados por la Procuraduría;

V. Proporcionar a las sociedades de información crediticia que obtengan autorización de la Secretaría de Hacienda y Crédito Público, información relativa a los créditos fiscales firmes de los contribuyentes, determinados con motivos de las multas impuestas por las diversas unidades administrativas de la Procuraduría;

VI. Solicitar autorización al Servicio de Administración Tributaria para el uso del buzón tributario y demás sistemas informáticos que resulten necesarios para la aplicación del Procedimiento Administrativo de Ejecución en términos del artículo 17-L del Código Fiscal de la Federación;

VII. Enviar a los contribuyentes comunicados y, en general, realizar en el ámbito de su competencia, las acciones necesarias para promover el pago de sus créditos fiscales, sin que por ello se considere el inicio del Procedimiento Administrativo de Ejecución, así como calcular y enviar propuestas de pago a los contribuyentes;

VIII. Tramitar y, en su caso, autorizar las solicitudes de pago diferido o en parcialidades de los créditos fiscales derivados de las multas impuestas por la Procuraduría, mediante garantía, así como determinar y liquidar a los contribuyentes, responsables solidarios y demás obligados, las diferencias que hubiere por haber realizado pagos a plazos, diferidos o en parcialidades, sin tener derecho a ello, en términos de las disposiciones jurídicas aplicables;

IX. Ordenar y practicar el embargo precautorio sobre los bienes o la negociación conforme al Código Fiscal de la Federación;

X. Llevar a cabo el Procedimiento Administrativo de Ejecución para hacer efectivos los créditos fiscales derivados de las multas impuestas por la Procuraduría a cargo de los contribuyentes, responsables solidarios y demás obligados, incluyendo el embargo de cuentas bancarias y de inversiones a nombre de los contribuyentes deudores y responsables solidarios; colocar sellos y marcas oficiales con los que se identifiquen los bienes embargados, así como hacer efectivas las garantías constituidas para asegurar el interés fiscal;

XI. Determinar la responsabilidad solidaria respecto de créditos fiscales de su competencia incluida la actualización y accesorios a que haya lugar y hacerlos exigibles mediante la aplicación del Procedimiento Administrativo de Ejecución;

XII. Requerir a las afianzadoras el pago de los créditos garantizados y en caso de que éstas no efectúen el pago en términos del Código Fiscal de la Federación, ordenar a las instituciones de crédito o casas de bolsa que mantengan en depósito los títulos o valores, en los que la afianzadora tenga invertida sus reservas técnicas, que proceda a su venta a precio de mercado, para cubrir el principal y sus accesorios;

XIII. Ordenar a la Comisión Nacional Bancaria y de Valores, a la Comisión Nacional de Seguros y Fianzas o a la Comisión Nacional del Sistema de Ahorro para el Retiro, según proceda, o a la entidad financiera o sociedad cooperativa de ahorro y préstamo a la que corresponda la cuenta, la inmovilización y conservación de los depósitos bancarios, componentes de ahorro o inversión asociados a seguros de vida que no formen parte de la prima que haya de erogarse para el pago de dicho seguro, o cualquier otro depósito en moneda nacional o extranjera que se realicen en cualquier tipo de cuenta o contrato que tenga a su nombre el contribuyente en alguna de las entidades financieras o sociedades cooperativas de ahorro y préstamo y ordenar levantar la inmovilización, de conformidad con el Código Fiscal de la Federación;

XIV. Solicitar directamente a las entidades financieras y sociedades cooperativas de ahorro y préstamo o por conducto de la Comisión Nacional Bancaria y de Valores, de la Comisión Nacional del Sistema de Ahorro para el Retiro o de la Comisión Nacional de Seguros y Fianzas, según corresponda, la información de las cuentas, los depósitos, servicios, fideicomisos, créditos o préstamos otorgados a personas físicas y morales, o cualquier tipo de operaciones, para efectos del cobro de créditos fiscales firmes o del Procedimiento Administrativo de Ejecución, de conformidad con el Código Fiscal de la Federación;

XV. Solicitar a las diversas autoridades administrativas municipales, estatales o federales la información que obre en su poder en relación a bienes propiedad de los particulares, así como ordenar su retención, inmovilización o inscripción de gravámenes, a fin de garantizar los créditos fiscales determinados por concepto de multas impuestas por parte de la Procuraduría;

XVI. Enajenar, dentro o fuera del remate, bienes y negociaciones embargados a través del Procedimiento Administrativo de Ejecución, así como expedir el documento que ampare la enajenación de los mismos;

XVII. Ordenar la entrega a los adquirentes de bienes rematados del monto pagado por los mismos, cuando dichos bienes no puedan ser entregados a éstos, en términos del Código Fiscal de la Federación;

XVIII. Declarar el abandono de los bienes y de las cantidades a favor del Fisco Federal en términos del Código Fiscal de la Federación;

XIX. Depurar y cancelar los créditos fiscales a favor de la Federación, determinados exclusivamente por la Procuraduría;

XX. Declarar la prescripción de oficio de los créditos fiscales determinados por la Procuraduría;

XXI. Transferir a la instancia competente, en términos de la legislación aplicable, los bienes embargados o asegurados en el ejercicio de sus facultades que hayan pasado a propiedad del Fisco Federal o de los que pueda disponer conforme a la normativa correspondiente;

XXII. Tramitar y resolver las solicitudes de aclaración que presenten los contribuyentes sobre aspectos relacionados con los créditos fiscales cuyo cobro le corresponda;

XXIII. Tramitar y aceptar o rechazar la dación de servicios y bienes en pago de créditos fiscales;

XXIV. Coadyuvar con las unidades competentes de la Secretaría de Hacienda y Crédito Público y con las demás unidades administrativas del Servicio de Administración Tributaria y de las autoridades recaudadoras de los estados y municipios, a efecto de dar seguimiento a las funciones conferidas a las entidades federativas en materia de cobro de créditos fiscales federales, conforme a los convenios de colaboración administrativa en materia fiscal federal, así como para evaluar el grado de avance de los programas operativos e intercambiar, solicitar y entregar información a las entidades federativas, en las materias de su competencia;

XXV. Realizar, para efectos estadísticos, la valuación de cartera de créditos fiscales firmes y exigibles, así como mejorar los modelos de valuación de cartera y administración de riesgos;

XXVI. Remitir al Servicio de Administración Tributaria, el nombre o denominación o razón social y la clave del registro federal de contribuyentes, de aquellos proveedores que, con motivo de las multas impuestas por la Procuraduría, se ubiquen en alguno de los supuestos establecidos en el penúltimo párrafo del artículo 69 del Código Fiscal de la Federación, así como de aquéllos a los que se les hubiera cancelado o condonado algún crédito fiscal derivado de las multas impuestas por la Procuraduría y los montos respectivos, conforme a lo previsto en la Ley General de Transparencia y Acceso a la Información Pública, a efecto de que se publique en términos del último párrafo del artículo 69 del Código Fiscal de (sic) Federación;

XXVII. Establecer los lineamientos respecto a la aceptación de las garantías del interés fiscal;

XXVIII. Tramitar, aceptar, rechazar o cancelar, según proceda, las garantías para asegurar el interés fiscal, así como sus ampliaciones, disminuciones o sustituciones; solicitar la práctica de avalúos en relación con los bienes que se ofrezcan para garantizar el interés fiscal; ampliar el embargo en bienes del contribuyente o responsable solidario cuando estime que los bienes embargados son insuficientes para cubrir los créditos fiscales, o cuando la garantía del interés fiscal resulte insuficiente, y determinar el monto de los honorarios del depositario o interventor de negociaciones o del administrador de bienes raíces;

XXIX. Determinar y cobrar a los contribuyentes, responsables solidarios y demás obligados, el monto de la actualización, gastos de ejecución, honorarios y gastos extraordinarios que se causen en los procedimientos de ejecución que lleve a cabo, así como determinar y hacer efectivo el importe de los cheques no pagados de inmediato y de las indemnizaciones correspondientes;

XXX. Emitir, por parte de la Procuraduría, el informe en el que se señale si se encuentran pagados o garantizados los créditos fiscales, conforme a los lineamientos que se emitan para tal efecto, a fin de atender los requerimientos de las diferentes autoridades competentes en los procesos por delitos fiscales, sin perjuicio del que corresponda emitir a otras autoridades o en coordinación con éstas;

XXXI. Ordenar, observando las disposiciones previstas y aplicables del Código Fiscal de la Federación, el embargo de los depósitos bancarios, seguros o cualquier otro depósito en moneda nacional o extranjera que se realice en cualquier tipo de cuenta que tenga a su nombre el contribuyente en las entidades financieras o sociedades cooperativas de ahorro y préstamo o de inversiones y valores, así como solicitar a la autoridad competente el reintegro de cantidades transferidas en exceso y la transferencia de recursos;

XXXII. Integrar y actualizar los archivos que se utilicen para el procesamiento electrónico de datos y verificar la integridad de la información contenida en los mismos dándole la participación que le corresponda a las diversas áreas de la Procuraduría, dependiendo de la materia de que se trate;

XXXIII. Comisionar a los servidores públicos que practicarán las acciones del cobro de los créditos fiscales dentro del Procedimiento Administrativo de Ejecución, a efecto de que actúen de manera individual o conjunta;

XXXIV. Recibir y sustanciar los recursos de revocación que presenten los particulares en contra de sus resoluciones, y

XXXV. Las demás que le confiera el Coordinador General de Administración.

TRANSITORIOS

Primero.- El presente Reglamento entrará en vigor al día siguiente de su publicación en el Diario Oficial de la Federación.

Segundo.- Se abroga el Reglamento de la Procuraduría Federal del Consumidor, publicado en el Diario Oficial de la Federación el dieciséis de julio de dos mil cuatro.

La normativa jurídica vigente que deriva del Reglamento que se abroga con este transitorio, continuará vigente en lo que no se ponga a este Reglamento que se expide, hasta en tanto se emita la normativa que las sustituya.

Tercero.- Los trámites iniciados en las Delegaciones, Subdelegaciones o Unidades de Servicio conforme al Reglamento que se abroga, continuarán su sustanciación por las Oficinas de Defensa del Consumidor en el ámbito competencial correspondiente.

Cuarto.- Los trámites iniciados conforme al Reglamento que se abroga, continuarán su sustanciación por los servidores públicos conforme a la normativa vigente al momento de su inicio, hasta su total conclusión.

Quinto.- Las menciones contenidas en otros reglamentos y demás disposiciones administrativas de carácter general, respecto a las unidades administrativas cuyas funciones se modifican por virtud de este Reglamento, se entenderán referidas a las unidades administrativas que, respectivamente, adquieran tales funciones.

Sexto.- Cuando, en términos del penúltimo párrafo del artículo 5 de este Reglamento, el auxilio que proporcione la Procuraduría Federal del Consumidor al Órgano Interno de Control de la Secretaría de la Función Pública, involucre recursos presupuestarios, dicho apoyo se efectuará conforme a los criterios que determine la Secretaría de Hacienda y Crédito Público y la Secretaría de la Función Pública, observando lo previsto en el artículo Transitorio Quinto del Decreto por el que se reforman, adicionan y derogan diversas disposiciones de la Ley Orgánica de la Administración Pública Federal, publicado en el Diario Oficial de la Federación de fecha 30 de noviembre de 2018.

Dado en la Residencia Oficial del Poder Ejecutivo Federal, en la Ciudad de México, a 27 de diciembre de 2019.- Andrés Manuel López Obrador.- Rúbrica.- La Secretaria de Economía, Graciela Márquez Colín.- Rúbrica.

APÉNDICE JURISPRUDENCIAL

Registro digital: 169985
Instancia: Tribunales Colegiados de Circuito
Novena Época
Materias(s): Civil
Tesis: I.4o.C.135 C
Fuente: Semanario Judicial de la Federación y su Gaceta. Tomo XXVII, Abril de 2008, página 2284
Tipo: Aislada

ACCIONES COLECTIVAS A FAVOR DE LOS CONSUMIDORES. LEGITIMACIÓN, COMPETENCIA Y OBJETO.

En los artículos 21 y 26 de la Ley Federal de Protección al Consumidor, se advierte el reconocimiento de la existencia de intereses difusos o colectivos de los consumidores, tutelados a través de las acciones colectivas o de grupo, cuya legitimación corresponde, en el caso de los consumidores, a la Procuraduría Federal del Consumidor, las cuales deben ejercerse ante autoridad jurisdiccional del orden federal, previo análisis de su procedencia, tomando en consideración la gravedad, el número de reclamaciones o denuncias que se hubieran presentado en contra del proveedor o la afectación general que pudiera causarse a los consumidores en su salud o en su patrimonio, y cuyo objeto puede ser indemnizatorio, para resarcir de los daños y perjuicios causados, o preventivo, para impedir, suspender o modificar las conductas que puedan causarlos.

Registro digital: 2015234
Instancia: Primera Sala
Décima Época
Materias(s): Constitucional
Tesis: 1a. CXLI/2017 (10a.)
Fuente: Gaceta del Semanario Judicial de la Federación. Libro 47, Octubre de 2017, Tomo I, página 489
Tipo: Aislada

DERECHO AL ACCESO A LA JUSTICIA. SU RELEVANCIA TRATÁNDOSE DE CONSUMIDORES.

El derecho al acceso a la justicia comprende el derecho de acción que permite al gobernado acudir a tribunales independientes e imparciales a plantear una pretensión o defenderse de ella, con el fin de que a través de un proceso en el que se respeten ciertas formalidades, se decida sobre la pretensión o la defensa, y, en su caso, se ejecute esa decisión. Ahora bien, este derecho tiene una especial relevancia tratándose de los consumidores, por las dificultades que su ejercicio representa para este colectivo como consecuencia de la posición de vulnerabilidad en la que se ubica. En efecto, los consumidores son un grupo vulnerable, en el sentido de que carecen de suficiente organización, información y capacidad de negociación frente a los proveedores de bienes y servicios. Como consecuencia, es fundamental que las normas que rigen los procedimientos para la defensa de los consumidores sean comprendidas y aplicadas a la luz del derecho al acceso a la justicia, con el propósito de lograr una tutela efectiva de sus intereses y derechos. En ese contexto, hay que destacar que el derecho al acceso a la justicia de los consumidores puede verse afectado por normas que impongan requisitos impeditivos u obstaculizadores del acceso a la justicia, si tales trabas resultan innecesarias, excesivas o carentes de razonabilidad o proporcionalidad, respecto de otros fines que lícitamente puede perseguir el legislador. Por lo tanto, para poder concluir que existe un verdadero acceso a la justicia por parte de los consumidores, es necesario que previamente se advierta que no existen impedimentos jurídicos o fácticos que sean carentes de racionalidad, proporcionalidad o que resulten discriminatorios.

Registro digital: 163370
Instancia: Tribunales Colegiados de Circuito
Novena Época
Materias(s): Civil
Tesis: I.7o.C.153 C
Fuente: Semanario Judicial de la Federación y su Gaceta. Tomo XXXII, Diciembre de 2010, página 1755
Tipo: Aislada

DERECHO DE LOS CONSUMIDORES. COMO DERECHO FUNDAMENTAL DE BASE CONSTITUCIONAL TIENE UNA REGULACIÓN LEGAL, ESPECÍFICA Y PROTECTORA QUE EL JUZGADOR DEBE CONSIDERAR AL RESOLVER LOS CONFLICTOS ENTRE PROVEEDORES Y CONSUMIDORES QUE SEAN DE SU COMPETENCIA PARA EVITAR ABUSOS.

Los actos de comercio se rigen por el código de la materia, las demás leyes mercantiles; y, de manera supletoria, el Código Civil Federal. Por su parte, el artículo 28 constitucional establece el principio de que la ley protegerá a los consumidores. Dicho precepto es la base de la Ley Federal de Protección al Consumidor, así como de otros ordenamientos, cuyos propósitos son dar contenido y hacer efectivos los derechos fundamentales de los consumidores. Dicha ley es de orden público, interés social, de observancia en toda la República y cuyas disposiciones son irrenunciables; por lo que contra su observancia no puede alegarse costumbre, práctica o convenio en contrario. Dicho ordenamiento establece, entre otras, las definiciones de proveedor al igual que la de consumidor, los principios básicos de las relaciones de consumo, una serie de medidas cuya finalidad es tanto promover como proteger los derechos y cultura del consumidor; procurando la equidad y seguridad jurídica en las mencionadas relaciones de consumo. Por lo tanto, se trata de un microsistema por sus reglas protectoras específicas donde no rige de manera absoluta el principio de autonomía de la voluntad que opera de manera general en materia civil y mercantil; sino que está sujeto a normas imperativas protectoras de los derechos de los consumidores cuyo cumplimiento debe vigilar el Estado. Por lo tanto, cuando surjan conflictos entre proveedores y consumidores debe privilegiarse la aplicación de las normas protectoras cuando sean incompatibles con las normas civiles y mercantiles, con el propósito de prevenir abusos en las relaciones de consumo cuyos conflictos deba resolver la autoridad judicial en su ámbito de competencia.

Registro digital: 201604
Instancia: Tribunales Colegiados de Circuito
Novena Época
Materias(s): Civil
Tesis: I.4o.C. J/8
Fuente: Semanario Judicial de la Federación y su Gaceta. Tomo IV, Agosto de 1996, página 475
Tipo: Jurisprudencia

LEY FEDERAL DE PROTECCIÓN AL CONSUMIDOR. SOLO ES APLICABLE A LAS RELACIONES ENTRE PROVEEDORES Y CONSUMIDORES.

Los actos jurídicos celebrados entre comerciantes, industriales o de unos con otros, en los cuales no se dé una relación de proveedor a consumidor, no se encuentran regulados por la Ley Federal de Protección al Consumidor, pues de conformidad con la exposición de motivos de ésta, tal ordenamiento recoge preceptos dispersos en la legislación civil y mercantil, buscando moderar los principios de igualdad entre las partes, de libertad de contratación y de autonomía de la voluntad, les dio coherencia y unidad en un solo ordenamiento y los elevó a la categoría de normas de derecho social, con el propósito fundamental de igualar a quienes en la vida económica son desiguales, como lo son, por una parte, el proveedor y, por la otra, el consumidor, tutelando los intereses de éste, al considerarlo como parte débil frente al proveedor. En tal virtud, dicho ordenamiento crea un régimen jurídico singular y contiene disposiciones que constituyen excepciones a las reglas generales establecidas en la legislación civil y mercantil, de suerte que debe ser interpretado restrictivamente, por lo que no puede ser aplicado a caso alguno que no esté expresamente especificado en el mismo, como lo dispone el artículo 11 del Código Civil para el Distrito Federal. En consecuencia, como la Ley Federal de Protección al Consumidor es proteccionista de los intereses del consumidor, sólo es aplicable a las relaciones jurídicas en las que intervengan tanto un proveedor como un consumidor y, en consecuencia, no quedan sujetos a ella los actos en los que las partes carezcan de tales cualidades, entendiéndose por proveedor a los comerciantes, industriales, prestadores de servicios, así como las empresas de participación estatal, los organismos descentralizados y los órganos del Estado, en cuanto desarrollen actividades de producción, distribución de bienes y prestación de servicios a consumidores, y por consumidor a quien contrata, para su utilización, la adquisición, uso o disfrute de bienes o la prestación de servicios, de acuerdo con las definiciones contenidas en los artículos 2o. y 3o. de dicha Ley.

Registro digital: 188377
Instancia: Segunda Sala
Novena Época
Materias(s): Administrativa
Tesis: 2a. CCV/2001
Fuente: Semanario Judicial de la Federación y su Gaceta. Tomo XIV, Noviembre de 2001, página 44
Tipo: Aislada

PROCURADURÍA FEDERAL DEL CONSUMIDOR. SU RELACIÓN JURÍDICA CON LOS PROVEEDORES Y CONSUMIDORES SE UBICA EN UN PLANO DE SUPRA A SUBORDINACIÓN.

Si se toma en consideración, por un lado, que de acuerdo con la teoría general del derecho las relaciones de supra a subordinación se entablan entre gobernantes y gobernados, por actuar los primeros en un plano superior a los segundos, en beneficio del orden público y del interés social, y por otro, que de conformidad con lo dispuesto en los artículos 1o. y 20 de la Ley Federal de Protección al Consumidor, este ordenamiento tiene por objeto promover y proteger los derechos de los consumidores, además de procurar la equidad y seguridad jurídica en las relaciones entre proveedores y consumidores, sus normas son irrenunciables y contra su observancia no pueden alegarse costumbres, usos, prácticas o estipulaciones en contrario; así como que la Procuraduría Federal del Consumidor es un organismo descentralizado de servicio social con personalidad jurídica y patrimonio propio, tiene funciones de autoridad administrativa y su funcionamiento se rige por lo dispuesto en aquella ley, en sus reglamentos y en su estatuto, es inconcuso que dicho organismo al ejercer sus facultades legalmente señaladas establece una relación de supra a subordinación con los proveedores y consumidores, ya que en un plano superior los subordina, al regular y conciliar, a nombre del Estado, las relaciones derivadas del consumo y, en su caso, resolver sus diferencias e, incluso, al sancionarlos en las hipótesis establecidas en la referida ley.

Registro digital: 2006001
Instancia: Tribunales Colegiados de Circuito
Décima Época
Materias(s): Civil
Tesis: I.4o.C.21 C (10a.)
Fuente: Gaceta del Semanario Judicial de la Federación. Libro 4, Marzo de 2014, Tomo II, página 1963
Tipo: Aislada

TÍTULOS EJECUTIVOS EMANADOS DE ACTOS JURÍDICOS ENTRE PROVEEDORES Y CONSUMIDORES. SU CONSTITUCIÓN NO SURGE DEL DICTAMEN DE LA PROCURADURÍA FEDERAL DEL CONSUMIDOR, SINO DE LA PRUEBA DE UN CRÉDITO CIERTO, LÍQUIDO Y EXIGIBLE.

El artículo 114, párrafos segundo, tercero y cuarto, de la Ley Federal de Protección al Consumidor, prevé la emisión de un dictamen sobre la satisfacción de los requisitos de certeza, liquidez y exigibilidad de un crédito a favor del consumidor, derivado de la relación contractual con el proveedor. El criterio vertido por el emisor de ese dictamen no es constitutivo del título ejecutivo, sino sólo una opinión técnica de que en los documentos de la relación contractual de las partes, sometida a su análisis, existen los elementos necesarios para identificar esa clase de títulos, de modo que esa expresión pericial queda sujeta, invariablemente, al análisis y decisión de la autoridad judicial, ante la cual se ejerza la acción ejecutiva correspondiente. Ante esto, con la demanda del juicio ejecutivo mercantil, no sólo se debe presentar el dictamen, sino toda la documentación relativa al acto jurídico de las partes, para que el juzgador, antes de emitir el auto de exequendum, realice un examen profundo y exhaustivo, como si dictara una sentencia en un juicio de conocimiento, por la gravedad de las consecuencias que puede acarrear su determinación, a fin de verificar que se encuentre probada plenamente, con documentos a los que el sistema jurídico confiera ese alcance convictivo, salvo prueba en contrario o impugnación y prueba de falsedad, la existencia de un crédito cierto, líquido y exigible, como requisito sine qua non para despachar la ejecución pedida, y si no se acredita alguno o varios de esos elementos, en la forma especial indicada, el juzgador deberá negar la providencia de ejecución pedida, y dejar a salvo los derechos del promovente. Esta interpretación resulta de la naturaleza jurídica de los títulos ejecutivos, según la doctrina y la jurisprudencia nacional; de la regulación legal de estos títulos, del proceso legislativo del que surgió la disposición legal objeto de la intelección, y de las funciones asignadas por el legislador a la Procuraduría Federal del Consumidor. En efecto, los títulos ejecutivos son los actos jurídicos constantes en uno o varios documentos, a los que la ley o el acuerdo entre partes confieren presunción vehemente de certeza, sólo destruible con prueba en contrario o demostración de falsedad, durante el juicio ejecutivo; los elementos de los títulos ejecutivos deben estar en la sustancia de los actos jurídicos, y la prueba suficiente, en los documentos con que se formalicen. Estos elementos son: la existencia de un crédito, con las características de certeza, liquidez y exigibilidad, que una vez verificadas por la autoridad judicial, dan lugar a su realización en contra del obligado. En la doctrina existe conformidad generalizada con dichos conceptos, para lo que resulta representativa la definición de Caravantes, en el sentido de que el juicio ejecutivo es un procedimiento sumario por el que se trata de llevar a efecto por embargo y venta de bienes el cobro de créditos que constan en algún título que tiene fuerza suficiente para constituir por sí mismo plena probanza y que no se dirige a declarar derechos dudosos o controvertidos, sino a llevar a efecto los que se hayan reconocidos por actos o en títulos de tal fuerza que constituyen una vehemente presunción de que el derecho del actor es legítimo y está suficientemente probado para que sea desde luego atendido. La jurisprudencia nacional sigue esta misma directriz, al distinguir el título ejecutivo como la declaración que debe quedar probada, y su acepción formal como documento que consagra tal declaración sustancial. El artículo 1391 del Código de Comercio define a los títulos ejecutivos como los documentos que traen aparejada ejecución, y enseguida hace una relación con ocho de carácter específico, una de orden genérico: los demás que reconozcan otras leyes, y culmina con una regla enunciativa, donde abarca a todos los que por sus características traigan aparejada ejecución, en la cual da cabida a cualquier documentación, singular o plural, en donde conste un acto jurídico del cual emerja un crédito dotado de las características inmersas en la definición. Finalmente, el proceso legislativo del que surgió el artículo 114 de la Ley Federal de Protección al Consumidor y su propia literalidad, ponen en claro que en la previsión sobre la elaboración del dictamen en comento, dicha autoridad sólo está destinada al ejercicio de la función principal de procuración de justicia en favor del consumidor, mediante asistencia y asesoramiento jurídico, pero sin incursionar en la función de los tribunales, a los cuales remite para la determinación imperativa sobre si la relación contractual entre proveedor y consumidor contiene o no un título ejecutivo.

Registro digital: 187011
Instancia: Tribunales Colegiados de Circuito
Novena Época
Materias(s): Civil
Tesis: I.4o.C.52 C
Fuente: Semanario Judicial de la Federación y su Gaceta. Tomo XV, Mayo de 2002, página 1174
Tipo: Aislada

ARBITRAJE. CONVENIO ANTE LA PROCURADURÍA FEDERAL DEL CONSUMIDOR ELEVADO A LA CATEGORÍA DE LAUDO ARBITRAL. NO NECESITA SER HOMOLOGADO PREVIAMENTE PARA QUE EL JUEZ ORDENE SU EJECUCIÓN.

La homologación es un reconocimiento que hace un tribunal público de la regularidad de un laudo pronunciado por un árbitro nacional o extranjero (para poder proceder a su ejecución); es decir, la homologación implica la aprobación judicial de un acto jurídico que no había adquirido toda su eficacia jurídica antes de ser homologado. Sin embargo, es doctrina nacional uniforme que los laudos pronunciados en nuestro país no requieren de la aprobación judicial para que puedan ser ejecutados. La regla, en consecuencia, es que los laudos pronunciados por los árbitros deben ser ejecutados por los Jueces ordinarios, sin necesidad de que éstos les otorguen, antes de ordenar la ejecución, una previa aprobación u homologación, situación que se corrobora con lo dispuesto por el artículo 632 del Código de Procedimientos Civiles para el Distrito Federal, que dispone que notificado el laudo se pasarán los autos al Juez ordinario para su ejecución, a no ser que las partes pidieren aclaración de sentencia. En esa virtud, si la Procuraduría Federal del Consumidor autoriza un convenio por estar conforme a derecho y no contener cláusulas contrarias al mismo, a la moral o a las buenas costumbres, lo eleva a la categoría de laudo ejecutoriado, y obliga a las partes a estar y pasar por él en todo tiempo y lugar, tal convenio es susceptible de ejecutarse sin necesidad de previa homologación.

Registro digital: 164641
Instancia: Tribunales Colegiados de Circuito
Novena Época
Materias(s): Administrativa
Tesis: XXX.1o.3 A
Fuente: Semanario Judicial de la Federación y su Gaceta. Tomo XXXI, Mayo de 2010, página 1921
Tipo: Aislada

ALEGATOS EN EL PROCEDIMIENTO DE VERIFICACIÓN PREVISTO EN LA LEY FEDERAL DE PROTECCIÓN AL CONSUMIDOR. LA ETAPA RELATIVA DEBE ABRIRSE INMEDIATAMENTE DESPUÉS DE CONCLUIDO EL DESAHOGO DE PRUEBAS.

La interpretación literal, sistemática y teleológica del artículo 123 de la Ley Federal de Protección al Consumidor, en relación con los numerales 39 y 60 de la Ley Federal de Procedimiento Administrativo, de aplicación supletoria a la legislación inicialmente citada, pone de manifiesto que el inicio de la etapa de alegatos en el procedimiento de verificación previsto en la primera de las indicadas leyes, se encuentra delimitado a un acontecimiento cierto y concreto, que es el desahogo de pruebas, por lo que aquélla debe abrirse inmediatamente después de que éste concluya, pues estimarlo de otra manera desmerecería la rapidez y sencillez de este tipo de visitas y dejaría al arbitrio de la autoridad el momento a partir del cual el visitado debe formular alegatos, así como la consiguiente culminación del procedimiento sancionador, lo que generaría incertidumbre e inseguridad jurídica en el gobernado, toda vez que mientras no inicie la referida etapa, a pesar de que ya se hubieran desahogado las pruebas, no correrá el término para el dictado de la resolución respectiva y su notificación y, desde luego, tampoco iniciará el cómputo de los treinta días para que expire el plazo a fin de que opere la caducidad del procedimiento administrativo.

Registro digital: 2021209
Instancia: Primera Sala
Décima Época
Materias(s): Constitucional, Administrativa
Tesis: 1a. CIX/2019 (10a.)

Fuente: Gaceta del Semanario Judicial de la Federación. Libro 73, Diciembre de 2019, Tomo I, página 319
Tipo: Aislada

CONSUMIDOR DEL SERVICIO DE TRANSPORTE AÉREO. CONCEPTO.

El consumidor del servicio de transporte aéreo es una especial categoría de consumidor que en México se coloca en una situación de especial vulnerabilidad por diversas razones: a) el servicio de transporte es un bien necesario e imprescindible para los consumidores mexicanos (bien inelástico); b) existe un sobreprecio debido a la presencia de un poder de mercado en la prestación del servicio que afecta el bienestar de los hogares mexicanos, pues los consumidores pagan más de lo que pagarían en un ambiente competitivo; y, c) los procesos de despersonalización en los procedimientos de información, compraventa, disfrute del servicio, atención al cliente post venta y eventual reclamación por la prestación defectuosa del servicio acentúan las asimetrías en la relación proveedor/prestador de servicios aéreos y el consumidor. Por tanto, ya que el consumidor de transporte aéreo tiene características muy particulares que se definen, tanto por las particularidades del mercado de servicios aéreos en el país, como por la modernización mundial del proceso de compraventa y atención al cliente en este servicio; es imperante la intervención del Estado para proteger a esta especial categoría de consumidores, de acuerdo con lo previsto en el artículo 28 de la Constitución Política de los Estados Unidos Mexicanos.

Registro digital: 2021211
Instancia: Primera Sala
Décima Época
Materias(s): Constitucional, Administrativa
Tesis: 1a. CXV/2019 (10a.)
Fuente: Gaceta del Semanario Judicial de la Federación. Libro 73, Diciembre de 2019, Tomo I, página 320
Tipo: Aislada

CONSUMIDOR DEL SERVICIO DE TRANSPORTE AÉREO. LAS MEDIDAS QUE EQUILIBRAN LAS RELACIONES COMERCIALES EN EL SECTOR NO REQUIEREN UN ANÁLISIS ESTRICTO.

La protección del consumidor del servicio de transporte aéreo es una finalidad constitucionalmente válida a la luz del mandato previsto en los artículos 25 y 28 constitucionales, conforme a los cuales el legislador tiene, no sólo la facultad, sino la obligación de velar por los intereses de los consumidores y la eficiencia de los mercados. Consecuentemente, el análisis de razonabilidad de las medidas adoptadas por el legislador federal a cargo de las aerolíneas para equilibrar las relaciones comerciales en el sector previstas tanto en la Ley de Aviación Civil como en la Ley Federal de Protección al Consumidor, requiere únicamente de una motivación ordinaria, esto es, su estudio debe ser poco estricto atendiendo a la libertad configurativa del legislador para reconocer las medidas necesarias para equilibrar las relaciones comerciales en el sector.

Registro digital: 2008636
Instancia: Primera Sala
Décima Época
Materias(s): Constitucional
Tesis: 1a. XCVII/2015 (10a.)
Fuente: Gaceta del Semanario Judicial de la Federación. Libro 16, Marzo de 2015, Tomo II, página 1094
Tipo: Aislada

CONSUMIDOR. EL DERECHO A SU PROTECCIÓN TIENE RANGO CONSTITUCIONAL.

Tras la reforma a la Constitución Política de los Estados Unidos Mexicanos, publicada en el Diario Oficial de la Federación el 3 de febrero de 1983, el Constituyente Permanente elevó a rango constitucional el derecho de protección al consumidor, y desde entonces prevé un mandato para que el legislador establezca reglas de protección al consumidor y reconoce el derecho de organización de los consumidores para la mejor defensa de sus intereses, lo cual responde a la situación de desventaja en que se encuentran como individuos aislados frente a los actores con los que interactúan en la dinámica del mercado, y al hecho de que existen derechos de los consumidores que, cuando son objeto de violación en masa o en grupo, adquieren mayor relevancia que lo que puedan representar las repetidas instancias de violación individual. En ese sentido, la Ley Federal de Protección al Consumidor da contenido al derecho social previsto en el artículo 28 constitucional, ya que en aquélla se atribuyeron a la Procuraduría Federal del Consumidor las facultades que se consideraron necesarias para que la protección del derecho de los consumidores sea eficaz y se establecieron los mecanismos para realizar dicha protección.